Entre el derecho y la moral

Un análisis de la mediación como estrategia
para la resolución de conflictos

Entre el derecho y la moral

Un análisis de la mediación como estrategia para la resolución de conflictos

Paula Mussetta

FLACSO
MÉXICO

IIS

303.690982
M9886e Mussetta, Paula
Entre el derecho y la moral : un análisis de la mediación como estrategia para la resolución de conflictos / Paula Mussetta. -México : Flacso México, UNAM, IIS, 2010.
220 p. : gráf.; 15x23 cm.

ISBN 978-607-7629-33-7

1.- Mediación- Aspectos Sociales – Argentina – Córdoba. 2.- Solución de Conflictos – Argentina – Córdoba. 3.- Moral Práctica (Conducta Humana) – Argentina - Córdoba. 4.- Justicia – Argentina – Córdoba. 5.- Argentina – Condiciones Morales. 6.- Argentina – Política y Gobierno. I. tit.

Primera edición: mayo de 2010.

Carretera al Ajusco núm. 377, col. Héroes de Padierna, 14200 Tlalpan, México, D.F.
www.flacso.edu.mx

Universidad Nacional Autónoma de México
Instituto de Investigaciones Sociales
Ciudad Universitaria, 04510, México, D.F.

Coordinación editorial: Gisela González Guerra y Berenise Hernández Alanís
Diseño de forros: Cynthia Trigos Suzán
Fotografías de forros: Michal Zacharzewkski y abcdz 2000
Diseño de interiores y formación electrónica: Flavia Bonasso
Cuidado de la edición: Adriana Guadarrama Olivera

ISBN 978-607-7629-33-7

Este libro fue sometido a un proceso de dictaminación por académicos externos de acuerdo con las normas establecidas por el Consejo Editorial de las Colecciones de Libros del Instituto de Investigaciones Sociales de la Universidad Nacional Autónoma de México y el Comité Editorial de la Flacso México.

Impreso y hecho en México. *Printed and made in Mexico.*

Índice

Siglas

PROMARC:	Programa de Métodos Alternativos de Resolución de Conflictos.
DIMARC:	Dirección de Métodos Alternativos de Resolución de Conflictos.
TSJ:	Tribunal Superior de Justicia.
ONG:	Organizaciones no gubernamentales.
Mercosur:	Mercado Común del Sur.

A los recuerdos de mi padre, a Martín y a mi familia

Agradecimientos

Este libro es producto de un trabajo de investigación para una tesis doctoral, por eso su historia comienza hace casi cinco años. Y desde ese momento muchas personas contribuyeron no sólo a que pudiera realizarse, sino a que tomara determinados rumbos.

En primer lugar quiero agradecer a la Facultad Latinoamericana de Ciencias Sociales (Flacso México) por la confianza demostrada y el interés al proponer la publicación de este trabajo, y al Instituto de Investigaciones Sociales de la Universidad Nacional Autónoma de México (UNAM) por haber aceptado el reto y decidido apoyarme en este proyecto. Es para mí una satisfacción invaluable publicar este libro en conjunto con estas dos universidades mexicanas que no sólo me formaron sino que fueron mi lugar de trabajo de los últimos años.

También agradezco los aportes formales e informales de Fernando Escalante Gonzalbo, mi director de tesis quien, junto con Santiago Carassale y Antonio Azuela, leyeron varias veces distintas versiones de los capítulos que finalmente terminaron siendo la tesis y ahora este libro. Les agradezco su constante predisposición, apoyo y estímulo para compartir generosamente sus ideas sobre este tema.

Los comentarios de los investigadores que dictaminaron mi trabajo sin duda lo enriquecieron y especialmente aportaron la mirada de afuera que advirtió sobre algunos sesgos y dificultades del trabajo. También un agradecimiento para ellos.

Finalmente, un reconocimiento especial a Débora Fortuna, coordinadora de la Dirección de Métodos Alternativos de Resolución de Conflictos (DIMARC), quien me abrió las puertas a la comunidad mediadora de Córdoba, y otro a mis entrevistados —los mediadores anónimos y los abogados no mediadores— sin cuyas voces este trabajo hubiese resultado imposible.

Prólogo

Pocas cosas inquietan al mundo de la investigación jurídica como una mirada sociológica. Es verdad que de un tiempo a esta parte, y en varios países de América Latina, el quehacer de los juristas ha dejado de ser una simple glosa de los textos legislativos. También es cierto que son muchos los que buscan aproximaciones "alternativas" al orden jurídico. Pero siguen siendo pocas las iniciativas que son capaces de sacar a la reflexión jurídica del largo sueño de la exégesis formalista en el que cayó desde fines del siglo XIX. Entre las novedades de los últimos años, destaca el interés que los fenómenos jurídicos despiertan en otras disciplinas sociales. Después de décadas en las que éstas despreciaron al derecho con argumentos diversos, y seguramente debido a la complejidad de la condición postautoritaria en la región, sociólogos, politólogos, antropólogos, historiadores y economistas han comenzado a interesarse en la lógica interna del mundo del derecho; es decir, han comenzado a verlo como algo problemático, digno de ser explorado.

Entre el derecho y la moral. Un análisis de la mediación como estrategia para la resolución de conflictos es parte de ese movimiento. Es también una muestra del modo en que una mirada sociológica puede inquietar al mundo del derecho. No me refiero al celo, por lo demás previsible, que muchos juristas sienten cuando alguien incursiona en la disciplina sin haber sido *iniciado* en ella. Me refiero al modo como la sociología reconstruye el objeto de la investigación jurídica, es decir, al modo en que hace visible, en los mismos fenómenos jurídicos, algo distinto de lo que tradicionalmente nos han mostrado los juristas. El método parece simple: a partir de una reconstrucción empírica del proceso de formación de un régimen jurídico cualquiera (en este caso el de la mediación como mecanismo de resolución de conflictos en la provincia de Córdoba), se explora el significado de ese régimen, pero no lo que él significa para los especialistas de la disciplina jurídica, sino para los actores sociales ubicados más allá del mundo del derecho; para aquellos a quienes, se supone, estarían destinadas las instituciones jurídicas.

Para muchos juristas, la aproximación sociológica sirve (apenas) para proporcionar información acerca de hechos sobre los cuales las normas mismas no pueden decirnos nada. Ciertamente, el libro de Paula Mussetta nos informa sobre muchos de esos hechos. Nos ofrece un recuento de la génesis de la legislación sobre la mediación, así como respecto del modo en que esta forma de abordar los conflictos adquiere diversas expresiones institucionales en el contexto de la administración de justicia en la provincia. También nos informa sobre el papel, ciertamente limitado, que la mediación ha jugado en la resolución de conflictos en los años siguientes a su instauración. El recuento es valioso en sí mismo, incluso dentro de los parámetros conceptuales de la propia mediación. Sin embargo, al ir más allá de ese análisis y preguntarse sobre el significado social de esta institución, el libro rebasa la función meramente "informativa" en la que muchos quieren mantener a la sociología, para ofrecernos *otra* versión, mucho más densa, de lo que son los fenómenos jurídicos.

La exploración que este libro emprende sobre el significado social de la mediación, nos invita a reconocer dos cuestiones que son analíticamente distintas pero que están íntimamente relacionadas: el carácter moralizador de la mediación y su lugar en la (trans) formación del Estado. Se trata de temas centrales para comprender la experiencia jurídica contemporánea, ya que aluden a la posibilidad de que los individuos modifiquen sus expectativas sobre lo que pueden esperar en caso de verse comprometidos en un conflicto. Y no sólo se trata de redefinir lo que los individuos pueden esperar del aparato estatal, sino también de lo que se esperaría de ellos mismos como miembros responsables de una comunidad.

Así, aprendemos que la mediación es mucho más que un mecanismo del que podemos esperar efectos prácticos, como podrían ser un alivio en la presión que soportan los órganos de administración de justicia o el arribo a decisiones más rápidas o más satisfactorias para las partes. Lejos de ser un mero instrumento para lograr ciertas metas, la mediación es portadora de una idea moral acerca de los miembros de la sociedad, que está afianzada en el principio de autonomía. Para que el mecanismo funcione a plenitud, es preciso que las personas estén dispuestas a tomar su destino "en sus propias manos".

En la mejor tradición sociológica, el libro no discute esos principios en un plano moral, sino que se limita a ubicarlos como parte de una moral propia de la era neoliberal. En otros términos, se puede decir que la mediación es parte del horizonte cultural de la "gobernanza"; es decir, de esta nueva forma de concebir al Estado que, entre otras cosas, insiste en la participación de los *stakeholders*; se trata de un neocontractualismo en el que se supone que un amplio espectro de situaciones (que van desde los más arduos dilemas de política pública hasta los conflictos familiares) pueden ser resueltas a partir de la buena voluntad de los interesados.

Una de las implicaciones más relevantes de la dimensión moral de la mediación es el afán por negar o suprimir el conflicto. Ciertamente, hoy en día la sociología no está en su mejor forma para hacerse cargo del tema del conflicto, sobre todo en la medida en que apostó por *un* conflicto (la lucha de clases) como el que imponía su lógica sobre el conjunto de la historia humana. Pero también es cierto que es en la tradición sociológica donde es posible pensar el conflicto como parte del orden social: como algo productivo. Frente a esa tradición, resulta sorprendente la ingenuidad con la que, desde el paradigma de la gobernanza, se proclama que basta con "diseñar las instituciones correctas" para reducir el conflicto a su mínima expresión.

Nada de lo anterior significa que no sea preciso revisar los sistemas hoy vigentes de administración de justicia. Es obvio que sus deficiencias son enormes y que la investigación social tiene mucho que aportar para una mejor comprensión de las mismas. Pero, ya instalados en un plano normativo, no hay que olvidar el papel civilizatorio que tuvo y sigue teniendo la idea de la heteronomía del orden jurídico. La distinción entre derecho y moral, que es parte del pensamiento moderno sobre todo desde Kant, no puede ser relativizada con nuevas formas de asignación de responsabilidades que dejen en manos de los individuos la solución de sus conflictos. El derecho a acudir a un tercero tiene que seguir perteneciendo a una esfera distinta a la de la experiencia moral del individuo portador de ese derecho. Tratar de instaurar procedimientos en los que esa distinción se debilite, puede significar un vaciamiento del Estado quizá más riesgoso aún que el que ha ocurrido en la esfera económica.

También sobre el tema del Estado este libro resulta original. Por lo que he dicho, este no es un tema distinto al del carácter moralizador de la mediación, sino el otro lado de la misma moneda. La relación entre derecho, Estado y sociedad fue siempre un asunto problemático y en un pasado no muy lejano fue el espacio de dogmatismos que ahuyentaron a muchos jóvenes investigadores hacia áreas más acotadas, hacia empresas que parecían más fecundas, aunque reconocieran su "alcance intermedio". Sin embargo, la forma más ambiciosa de pensar el significado social del derecho sigue siendo la de ubicarlo en el contexto de las transformaciones del Estado. Es ahí donde la reconstrucción sociológica de las instituciones jurídicas nos permite ver a los procesos sociales con un mínimo de profundidad histórica, más allá de episodios aislados o de sucesivos intentos (más o menos fallidos) de reforma social. Y este libro nos ayuda a ubicar el surgimiento de la mediación en ése que es su contexto más significativo.

Por todo eso, espero que *Entre el derecho y la moral. Un análisis de la mediación como estrategia para la resolución de conflictos* sea leído en los lugares y en los momentos adecuados para que surta, en el mundo de la investigación jurídica, el efecto inquietante que se merece.

Antonio Azuela

Introducción

> Cuando se trata de la civilización y la libertad de un pueblo, un Gobierno tiene ante Dios y ante las generaciones venideras arduos deberes que desempeñar. Los pueblos en su infancia son unos niños que nada prevén, que nada conocen y es preciso que los hombres de alta previsión y de alta comprensión les sirvan de padre [...] dos siglos no bastarán para volverlas al camino que han abandonado. Pregúntasenos ahora, ¿por qué combatimos? Combatimos para volver a las ciudades su vida propia.
>
> *Facundo*, DOMINGO F. SARMIENTO

Este libro aborda un intento por cambiar el clima moral de una sociedad —un proyecto de moralización— a partir de un programa de mediación, puesto en marcha desde el Estado en la provincia de Córdoba, Argentina.

La mediación como tal no es algo nuevo, ha existido *desde siempre*. Por un lado, como un conjunto general de procedimientos basados en la comunicación y la cooperación para encarar los conflictos, es utilizada desde hace miles de años por las culturas orientales —especialmente en China y Japón—, guiadas por una doctrina de la comprensión y el entendimiento de los demás. Por otro lado, como un proceso informal en el que una persona ayuda a otras en conflicto, en las relaciones de nuestras vidas cotidianas, es común que todos alguna vez hayamos fungido como mediadores de algún problema: en la cultura occidental moderna, mediación se asocia regularmente a un procedimiento para resolver conflictos. Ahora bien, algo que sí es un fenómeno de sólo algunas décadas atrás es la difusión y propagación de la mediación como forma institucionalizada y sistematizada para la resolución de conflictos. Sólo en este sentido podríamos sostener que se trata de un fenómeno reciente.

La mediación en esta última forma tuvo su inicio en Estados Unidos hacia fines de los años sesenta como respuesta innovadora a la sobrecarga del sistema de justicia. Al mismo tiempo este auge fue propiciado por entornos pacifistas y por el creciente interés por el estudio del conflicto (Boqué Torremorel, 2003). Previo a este periodo, no se utilizaba la mediación fuera de las relaciones laborales. Pero, poco a poco, en Estados Unidos el área se expandió de tal manera que pasó de unos pocos programas aislados en los años setenta a casi doscientos a principios de los ochenta y más del doble de este número en nuestros días. El crecimiento de estas experiencias dio como resultado una buena acogida de la mediación en Estados Unidos, de manera que fue ensayada y aceptada en una cada vez más variada gama de ámbitos (Baruch Bush y Folger, 1996).

Junto con los ámbitos de aplicación, se diversificaron también los lugares: desde Estados Unidos se fue expandiendo al norte, hacia Canadá, y al sur, hacia Latinoamérica. A su vez, se exportó a Europa, pero allí con una clara diferencia respecto del contexto del surgimiento norteamericano: en este último sitio el motor de arranque fueron los movimientos ciudadanos, en tanto que en Europa el impulso estuvo dado desde ámbitos académicos profesionales y sólo después —apoyada por instituciones y entidades diversas—, se trasladó al ámbito social (Boqué Torremorel, 2003).

La explicación del surgimiento de la mediación

Si nos remitimos a los estudios que defienden y promueven la mediación en nuestra región latinoamericana, encontramos dos factores asociados a su surgimiento. Por un lado, el debilitamiento y crisis del sistema judicial de los países latinoamericanos. Los autores especializados en el tema coinciden en que el auge de la mediación es una variable que va principalmente de la mano de la crisis de los sistemas judiciales, marcada entre otros aspectos por cortes sobrecargadas y saturadas de casos; falta de legitimidad generalizada hacia jueces, políticos y legisladores; excesivas demoras en los trámites y procesos judiciales (Baruch Bush y Folger, 1996; Gottheil, 1996; Schiffrin, 1996; Suares, 1996; Six, 1995; Boqué Torremorel, 2003). Esto fue creando un ambiente propicio para la introducción de la mediación: a medida que este diagnóstico se confirmaba y sus consecuencias comenzaban a verse, los métodos alternativos de resolución de conflictos y la mediación en especial, eran propuestos para iniciar una tendencia de cambio. Ahora bien, ¿por qué se esperaba que la mediación solucionase el problema del sistema judicial? ¿Por qué medios alternativos y no una reforma judicial de otro tipo? Las respuestas que encontramos no convencen demasiado en tanto que sólo son conjeturas discursivas que no están demostradas con datos concretos, pero apuntan a que dada la magnitud de la crisis judicial, era necesario modificar estructuras y procedimientos que permitieran encarar los conflictos de manera diferente y resolverlos de forma más ágil y eficaz. Por lo tanto, no alcanzaría solamente con un aumento de presupuesto, de juzgados, de personal, de infraestructura y de tecnología.

Por otro lado, junto a la crisis del sistema de justicia, los autores recurren a otro elemento para explicar el surgimiento de la mediación: el problema de un aumento de la conflictividad social, asociado de manera más general a la violencia social.[1] En la literatura sobre mediación, se habla de la conflictividad social creciente en términos poco específicos y generales, como una consecuencia propia y natural del modo de vida actual de las sociedades contemporáneas: la complejidad social de la vida moderna, la inmediatez de las relaciones y las comunicaciones, la globalización, la incertidumbre, la demanda ciudadana por la participación social. De acuerdo con los análisis, todos estos rasgos crearían un ambiente propenso al conflicto, y aunque no detallan qué significa "altos niveles de conflicto" o cómo es que estos procesos llevan a la conflictividad, demandarían la introducción de nuevas maneras de resolver los conflictos.[2] El problema de la *conflictividad* social como una variable asociada al surgimiento de la mediación, se plantea de forma tan generalizada que a uno le queda la idea que conflictividad es sinónimo de todo lo malo que puede amenazar a una sociedad y sus miembros: inseguridad, caos, aislamiento, desintegración social, crisis, tensiones, conflictos. La generalización de la conflictividad social —similar al análisis que Peter Waldmann realiza de la generalización

---

1 Por ejemplo, en Córdoba el componente de una sociedad cada vez más conflictiva y litigiosa fue un punto central a la hora de fundamentar el tratamiento legislativo de la mediación. El argumento más fuerte sostenía que la mediación desaceleraría la litigiosidad de la sociedad porque evitaría hasta en 60% la judicialización de los casos. La manera en que se esperaba que la mediación lograra esto reside, como veremos luego, en un conjunto de potencialidades de la misma mediación, en sus efectos sociales.

2 En el capítulo dos intentaremos una explicación detallada del significado de la conflictividad social y su relación con la mediación para el caso que nos ocupa. Nuestro análisis cuestiona esta relación de causa-efecto y la explora en detalle para entender, en el caso cordobés, en qué medida estos procesos —crisis judicial y crisis social— contribuyen al desarrollo de la mediación.

del concepto de anomia en la explicación de los problemas sociales— lleva a que no se explique con claridad cómo se supone que los procesos están relacionados y se asume una relación de causa-efecto, que en sí misma no explica nada (2006). Estos "males sociales" podrían estar asociados a alguna de las sucesivas crisis —económicas, políticas, de valores— o a todas al mismo tiempo. Pero no queda claro cómo y de qué manera. Por lo tanto, creemos que debe ser tomado con cautela en la explicación del surgimiento de la mediación; más bien, debería ser explicado claramente y no asumido como una relación de causa-efecto (entre crisis-conflictividad-mediación).

Como vemos, la relación entre estos dos procesos —crisis de los sistemas de justicia y crisis social— y el surgimiento de la mediación no están adecuadamente fundamentados, no obstante, si nos basamos en los análisis que se encargan de defenderla y promoverla, la mediación se nos presenta como deseable porque reuniría las características necesarias para complementar y mejorar la acción judicial, y también útil para cambiar la forma de encarar la solución de las disputas por parte de los ciudadanos en el ambiente hostil de las sociedades actuales. Volveremos más adelante sobre este punto para entender el papel de la conflictividad social en el surgimiento del caso que nos ocupa. Por ahora sólo mencionamos los argumentos —se trata de argumentos más que de datos concretos— con los que la mediación es promocionada.

Definición y situación en la región

Pero ¿a qué nos referimos cuando hablamos de mediación? En términos generales, la mediación es un proceso informal y voluntario de resolución de disputas en el que una tercera parte, neutral y sin poder para imponer acuerdos, ayuda a las partes en disputa a alcanzar un arreglo que sea aceptado por ambas. La mediación es informal y no está burocratizada, sin embargo cumple una serie de reglas informales que son conocidas por las partes: minimiza la incursión de profesionales evitando el uso de la ley formal en favor de normas sustantivas y procedimentales que son vagas, no escritas, de sentido común, *ad hoc*, flexibles y particulares (Abel, 1982). Al mismo tiempo, las partes eligen voluntariamente acceder al proceso, así como mantenerse en el mismo y no es coercitivo en tanto el mediador no puede forzar acuerdos ni imponer nada que las partes no acepten.

La mediación se diferencia de las formas contenciosas y formales como los procedimientos legales y judiciales. Pero, también, se distingue de otras no contenciosas como el arbitraje y la negociación. A pesar de compartir el rasgo de que son las partes las que deciden cómo y de qué manera desean encarar el conflicto, en la negociación las mismas partes en conflicto se sientan a negociar sin la intervención de un mediador, y en el arbitraje es el árbitro quien finalmente decidirá sobre el caso que se le presenta, por lo que tiene una estructura similar a la justicia. La diferencia con el juicio es que el árbitro es elegido por las partes y las reglas de procedimiento con las que trabaja son más flexibles (Schiffrin, 1996).

Las experiencias de mediación varían según los enfoques y las prácticas adoptadas, y cada perspectiva enfatiza algún aspecto diferente. Pueden tener una base jurídica o no, pueden ser estatales o civiles, pueden ser procesos más o menos institucionalizados, pero en general, como sostiene Abel (1982), declaran, amplían y/o modifican normas en el proceso de control de conductas y manejo de conflictos.

Aunque los argumentos acerca de su surgimiento son los mismos en todas las ocasiones, el panorama latinoamericano es diverso y muestra distintos estados de avances y enfoques. Son varios los países que cuentan con algún tipo o grado de institucionalización de la mediación.[3] Por ejemplo, en México, a partir de la reforma del año 2008 al artículo 17 de la Constitución la norma ordena que "las leyes preverán mecanismos alternativos de solución de controversias como mecanismo complementario al servicio de la justicia". En este país, si bien el objetivo de la mediación es fomentar una mejor convivencia social, armónica y basada en el diálogo, ésta se basa en la prontitud y la economía —además de la satisfacción de las partes—, por lo que el objetivo que declara es apoyar el trabajo jurisdiccional de los tribunales. Una clara muestra de esto es que la Ley de Justicia Alternativa para el Distrito Federal, del año 2007, establece que los mediadores tienen que cumplir como requisito tener

[3] Las experiencias de los países latinoamericanos estuvieron apoyadas por agencias internacionales como el Banco Interamericano de Desarrollo y el Banco Mundial, mediante préstamos no reembolsables, demostrando así el gran interés que suscita la introducción de estos métodos en el área.

la profesión de abogados y lo mismo rige para los asesores-orientadores de estos tribunales alternativos. El trabajo de Vargas y Gatti (2000) expone un panorama general de la situación de la región. Las autoras sostienen que Colombia se encuentra muy adelantada y consagró en 1991 por ley y en la Carta Magna la instauración de la conciliación, creándose los centros de conciliación. En Chile, desde 1994, se aplican los procedimientos de mediación para el tratamiento de conflictos laborales, familiares, de propiedad y vecinales o comunitarios. Panamá cuenta con un decreto-ley del año 1999 que establece el Régimen General de Arbitraje, de Conciliación y de Mediación. Bolivia dictó una ley de arbitraje y conciliación en 1997. Brasil incorporó la Ley 9307 de arbitraje en 1996, relacionada con el sistema de mediación de la Escuela de Derecho de Harvard.

Guatemala, al igual que Paraguay, también cuenta con una ley de arbitraje actualmente en funcionamiento. Perú cuenta con una ley de conciliación extrajudicial; Venezuela cuenta con una ley de arbitraje comercial y un Reglamento General del Centro de Arbitraje del año 1998. Por último, Uruguay dictó una ley para la creación del Centro de Conciliación y Arbitraje de la Corte de Arbitraje Internacional para el Mercosur, el Reglamento de Arbitraje y Reglamento de Conciliación, y creó el Centro de Conciliación y Arbitraje (Vargas y Gatti, 2000).

Argentina no fue una excepción en América Latina: originalmente la mediación fue aplicada como una institución que pretendía complementar la acción de los tribunales: los descongestionaba sin menoscabar la jurisdicción judicial. El primer paso fue una experiencia piloto en Capital Federal durante los años 1994 y 1995, que precedió a la ley nacional del año 1995, ley 24 573 de mediación y conciliación. Esta ley impuso la mediación como una instancia previa obligatoria para las partes en determinado tipo de juicios.[4] Con la ley se incorporó la mediación prejudicial obligatoria para un importante grupo de conflictos jurídicos en jurisdicción nacional y en los juzgados federales civiles y comerciales de todo el país. El carácter *prejudicial* es una de las más importantes diferencias entre la mediación en Buenos Aires y la que se

---

[4] El 4 de octubre de 1995 el Congreso de la Nación Argentina sancionó la ley sobre la base de un proyecto del Ministerio de Justicia de la Nación; la norma se promulgó el 25 de octubre de 1995 y fue publicada en el Boletín Oficial del 27 de octubre del mismo año.

aplica en Córdoba. Como veremos más adelante, que sea prejudicial implica que no se ha iniciado aún un proceso judicial. Claro que no se trata de una voluntad de las partes de no judicializar un conflicto y elegir la mediación. Por el contrario, cuando una de las partes presenta una demanda en la justicia, el caso es derivado de manera automática a estos métodos alternativos.

Este tipo de mediación era obligatoria porque las partes no son libres de elegir entrar o no al sistema e incluso se prevén sanciones para quienes no la acepten como paso previo a un juicio; no obstante, es voluntaria en un aspecto: las partes pueden elegir mantenerse dentro del programa el tiempo que lo deseen y aceptar o no el acuerdo. Las interpretaciones del debate parlamentario de la ley sostienen que el hecho de que la mediación tenga una cuota de voluntariedad y de obligatoriedad a la vez, no es contradictorio. La justificación dada al respecto es que cada una se aplica a etapas distintas del proceso: la característica de obligatoriedad se aplica a la concurrencia previa al juicio y no a la facultad de permanecer o retirarse del procedimiento.[5]

La mediación en Córdoba: dos ámbitos, una misma lógica

Luego de la ley nacional varias provincias crearon para sí leyes y programas específicos, entre ellas la provincia de Córdoba, nuestro caso de estudio. El punto de inicio de la mediación en la provincia de Córdoba es anterior a su tratamiento legislativo. Hasta ese momento la mediación se desarrollaba en el ámbito de organizaciones de la sociedad civil, especialmente en los colegios profesionales.[6] Durante esa etapa, excepto

---

5 Este punto es problemático; además, no podría dar respuesta satisfactoria al modo de mediación extrajudicial de Córdoba: veremos que es un dilema que orilla a la mediación al borde de la contradicción y la ambigüedad. Por eso se convierte en uno de los aspectos más problemáticos pero al mismo tiempo sugerentes del estudio de la mediación.

6 En el caso particular del Colegio de Escribanos, una de las primeras experiencias cordobesas, la práctica fue posible debido a la amplitud de la normativa interna sobre las incumbencias profesionales de los colegiados, misma que destaca el deber institucional y compromiso de extensión cultural con la comunidad (García Cima, 2001). Otro momento prelegislativo de la mediación en Córdoba puede ubicarse en una experiencia de mediación escolar y luego mediación comunitaria implementadas en los años 1998 y 1999 desde la municipalidad de Córdoba. Según narran sus creadores, el desarrollo de estos programas estuvo

por la falta de apoyos presupuestarios o de divulgación, la ausencia de una reglamentación oficial que rigiera la mediación no impedía que ella se desarrollara. Todo era bastante sencillo, porque la mediación era una más en el infinito conjunto de acciones privadas no prohibidas.

La ley provincial de mediación número 8858, sancionada y reglamentada en el año 2000, regula la actividad que comenzó a desarrollarse en 1995. La ley provincial instituye dos tipos de mediación: una en sede judicial y otra en sede extrajudicial. La primera (mediación judicial o en sede judicial) corresponde a diferentes situaciones. Puede ser una solicitud de oficio emitida por el juez para casos en los que la ley indica que es obligatoria: litigios civiles o comerciales en los que por el monto o la complejidad del caso, o por un pedido de beneficio de litigar sin gasto de alguna de las partes, el juez los remite obligatoriamente a mediación. Puede ser petición de una de las partes: si está conforme la otra parte, la causa se somete a mediación y se suspende el proceso judicial; es decir, la mediación es un recurso al que pueden acceder las partes al interponer la demanda o contestarla, o en cualquier oportunidad procesal y en todas las instancias.[7]

En cambio la mediación en sede extrajudicial (o mediación extra judicial o mediación no judicial) se refiere a casos en que las partes, sin instar proceso judicial previo, se someten voluntariamente a un proceso de mediación para resolver un conflicto ante un mediador o centro de mediación público o privado habilitado a tal fin. En caso de llegar a un acuerdo por esta vía, y si las partes lo deciden, el acuerdo puede adquirir valor de sentencia judicial mediante la homologación ante un juez con competencia en la materia. Los conflictos de la mediación extrajudicial son de índole familiar, vecinal, institucional y hasta patrimonial, y aunque todos pueden llegar a ser un conflicto judicial, en su mayoría, si no

---

supeditado a los intereses de quienes en ese momento ocupaban los cargos directivos. De esta manera, el programa desaparecía y reaparecía con cada nuevo director. Por otra parte, en la ciudad de Villa María también hubo una experiencia previa a la ley 8858, pero posterior a los primeros debates legislativos. La experiencia de Villa María es una consecuencia de las acciones posteriores al veto de los dos primeros proyectos tratados en la legislatura. Véanse estos detalles en el anexo *La trayectoria legislativa de la mediación en la provincia de Córdoba*.

7 En la ley, el carácter voluntario de la mediación es lo que se instituye en primer lugar, tal como lo indica su artículo primero, y la obligatoriedad aparece en el artículo segundo como carácter de excepción.

fuera por la existencia de estas nuevas instancias de mediación, nunca serían traducidos en demandas judiciales. Entonces la mediación es una sola, pero tiene dos ámbitos de aplicación. Y para los mediadores ambas persiguen fines similares (la pacificación social).[8] Más allá de lo procedimental —que no es poco importante— la mediación funciona como una sola, especialmente para los mediadores que alternan sin mayores distinciones entre tribunales y los centros extra judiciales. Ellos reducen las diferencias a aspectos anecdóticos como lo es respirar o no aire de abogados, o sentirse más o menos cómodos entre ellos.[9]

Aspectos organizativos de la mediación en Córdoba[10]

El primer artículo de la ley 8858 instituye para todo el ámbito de la provincia de Córdoba y declara de interés público provincial la utilización, promoción, difusión y desarrollo de la instancia de mediación con carácter voluntario, como método no contencioso de resolución de conflictos. Y de inmediato aclara que excepcionalmente será una instancia obligatoria en toda contienda judicial civil o comercial que contenga ciertas características que describe detalladamente.[11] Es interesante advertir que este artículo es el que hace funcionar la mediación. Es decir, la cláusula de obligatoriedad es la que aporta el 70% de los casos

---

8 Actualmente muchos legisladores que participaron en el proceso y algunos mediadores cordobeses entienden la relevancia de reglamentar por ley la primera (judicial), porque se introducen modificaciones concretas a un proceso jurídico previamente existente. Pero no en el caso de la extrajudicial: ésta sólo organiza una actividad nueva y la ley no es un *parteaguas* entre algo que estaba permitido y ahora no; más bien la regulación de la extrajudicial amplía y sistematiza una actividad previamente permitida.

9 Estas definiciones no se encuentran en el texto de la ley. En este texto la diferencia entre uno y otro tipo de mediación es una diferencia basada en los procedimientos: se señala cuándo se "aplicará" una u otra, mas no una diferencia conceptual. La falta de diferenciación conceptual se refleja en la práctica. No obstante, trataremos de no perder de vista, en este trabajo, que la mediación no judicial se refiere a asuntos que en principio no son "justiciables" y lo distinguiremos en la medida que sea posible.

10 Las cifras de los casos así como el análisis en general que aquí presentamos corresponden en su mayoría a la situación de la mediación para el año 2006. Sólo respecto de algunos datos se presenta información de años posteriores.

11 Véase el detalle en páginas anteriores. Las excepciones a la obligatoriedad son cuestiones o materias que tratan sobre derechos indisponibles.

que se median. Según datos del Programa de Métodos Alternativos de Resolución de Conflictos (PROMARC), sólo el 5% de la mediación judicial es voluntaria.[12]

Figura 1
Estructura organizativa de la mediación en la provincia de Córdoba, al año 2006

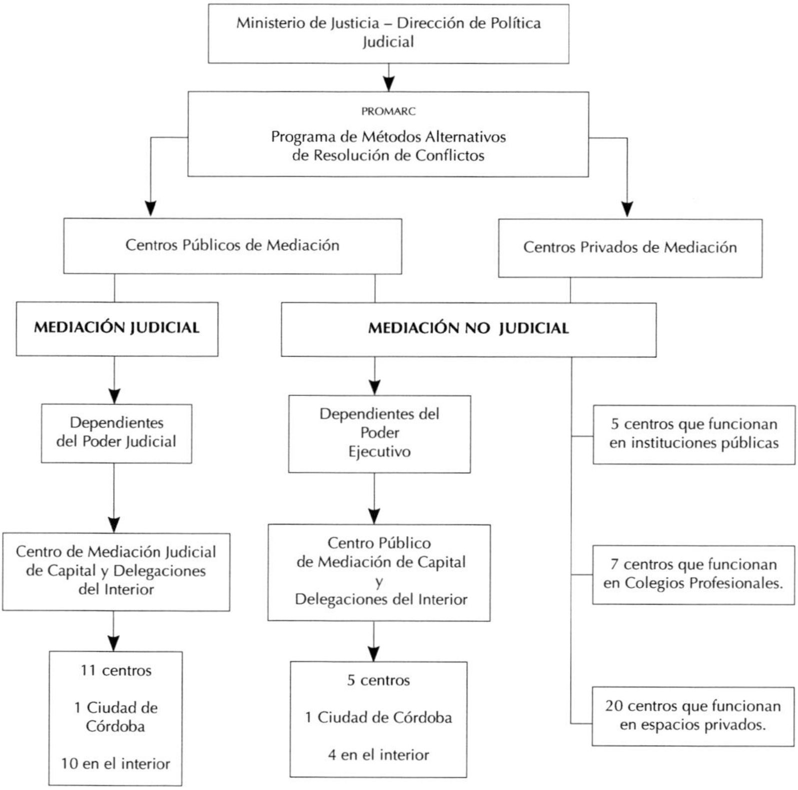

Fuente: Elaboración propia con base en datos del PROMARC del año 2006.[13]

12 Datos año 2006.

13 La cantidad de centros no judiciales para el año 2007 era de 45 y para el año 2008 se habilitaron dos centros más y uno se dio de baja. La cantidad de centros judiciales no se ha modificado.

Desde la promulgación de la ley, la mediación estaba a cargo de un programa dependiente de la Dirección de Política Judicial del Ministerio de Justicia, en el ámbito del Poder Ejecutivo de la provincia.[14] Aunque la figura 1 deja claro que la cantidad de centros no judiciales de mediación es mucho mayor que la de los centros judiciales (37 no judiciales y once judiciales), los últimos concentran el mayor movimiento del programa. Las gráficas 1 y 2 nos dan una idea acerca de cómo se distribuyen los casos en las diferentes modalidades que adquiere la mediación.

Gráfica 1
Porcentaje de casos, año 2004. Total provincial

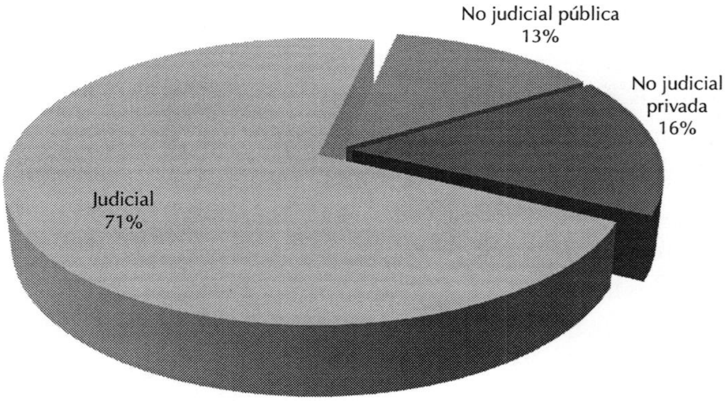

Fuente: Elaboración propia con base en datos del PROMARC del año 2006.

---

14 Hacia finales del año 2007, en cumplimiento del artículo 43 de la Ley de Mediación, el PROMARC pasó de ser un programa a ser una dirección. Ahora es Dirección de Métodos Alternativos para la Resolución de Conflictos (DIMARC). Las atribuciones respecto a la mediación son funciones de organización, ejecución, control y ajuste de la gestión. Es importante señalar que además de tener a su cargo el Centro Público de Mediación dependiente del Poder Ejecutivo, la DIMARC realiza otras tareas además de las referidas exclusivamente a la mediación de su centro y de los demás centros. Además de esto, DIMARC organiza y despliega actividades académicas en instituciones públicas tendientes al desarrollo de la mediación y otros métodos alternativos de resolución de conflictos.

Gráfica 2
Número de casos, año 2004. Total provincial

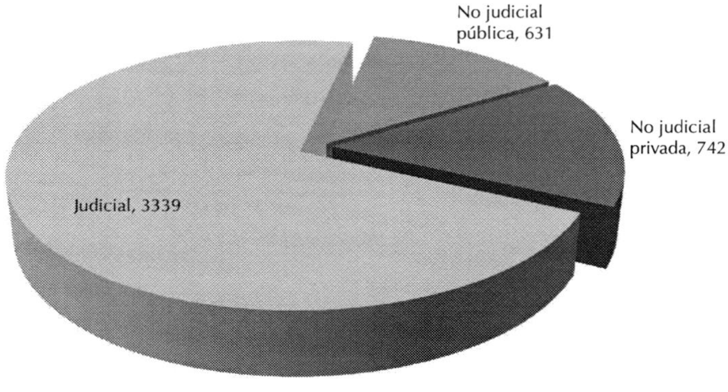

Fuente: Elaboración propia con base en datos del PROMARC del año 2006.

Ya vimos que la mediación judicial, y entre ellas la obligatoria, es la que concentra la mayor cantidad de casos. Pero, para ilustrar la magnitud de la diferencia, un cálculo muy poco sofisticado termina de mostrarnos el cuadro completo. El cuadro 1 y la gráfica 3 muestran el cociente entre el número de casos por tipo de mediación y el número de centros. Así, obtenemos que cada centro judicial atiende aproximadamente 303.5 mediaciones al año, esto es, algo más que una mediación por cada día hábil del año. En la extrajudicial las cifras caen abruptamente cuando se trata de los centros públicos, y más todavía si nos referimos a los privados. Cada centro no judicial público atiende un promedio de 126 casos al año, en tanto cada centro privado un promedio de 23 casos en un año, esto es, prácticamente una mediación cada dos meses.

Por supuesto que la distribución de casos entre centros no es homogénea, sino que aun entre los privados hay centros que tienen más actividad que otros. Este dato complica aún más el argumento ya que hay centros que no tienen siquiera una mediación en un año. Los cálculos son muy simples, pero expresan de manera clara el panorama de la mediación en la provincia.[15]

[15] Si bien no contamos con los datos actualizados exactos de distribución de casos por centro, según datos de la DIMARC, han ingresado en 2008 al centro público que depende de esa

Cuadro 1
Cantidad anual de casos por centro

	Cantidad de casos	*Cantidad de centros*	*Promedio anual de atención de casos por centro*
No judicial pública	631	5	126.2
No judicial privada	742	32	23.18
Judicial	3339	11	303.5

Fuente: Elaboración propia con base en datos del PROMARC del año 2006.

Gráfica 3
Cantidad anual de casos por centro

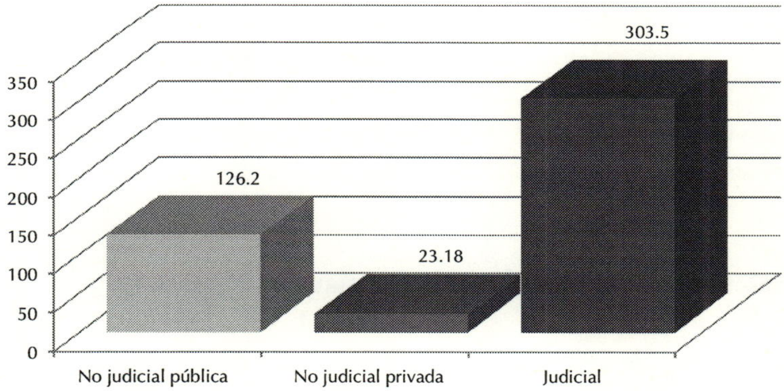

Fuente: Elaboración propia con base en datos del PROMARC del año 2006.

Sólo con esta presentación de las cifras de la mediación no podríamos sacar conclusiones que condenen en algún sentido esta innovación para la resolución de los conflictos entre las personas. Antes que eso, la

dirección 507 casos. Si consideramos que en 2004 hubo 631 casos en cinco centros, y en 2008 hubo 507 casos en sólo un centro, es posible calcular un incremento de la cantidad de casos pero no de manera proporcional porque el centro público de DIMARC es uno de los que recibe mayor cantidad de casos de mediación extrajudicial.

gráfica que describimos es interesante porque abre una serie de interrogantes que nos obligan a pensar cómo desde el Estado se diseñan estrategias para la intervención social, cómo y con qué objetivos se realizan, y qué sucede luego en el campo de ejecución de las mismas. En todo caso los datos dejan claro algo casi inobjetable: la mediación no es como los legisladores y mediadores imaginaron y desearon que fuera.

Creemos que, aún hoy, a pesar de que hubiera un incremento real en la cantidad de casos, la mediación no sería una institución completamente arraigada como parte real del repertorio de opciones al que las personas se refieren cuando se encuentren frente a algún conflicto. Lo dicen las estadísticas de los centros, lo reconocen todos y cada uno de los mediadores. Algunos actores hoy atribuyen al diseño normativo (ley) las contrariedades de la institución y aseguran que la situación actual sería otra si la ley lo fuera.[16] Aquí proponemos pensar, en cambio, que si la mediación no funciona satisfaciendo las expectativas de todos, no es ni necesaria ni exclusivamente porque la regule una mala ley o porque los problemas de las inevitables consecuencias no deseadas del proceso de elaboración de leyes existan. La cuestión es bastante más compleja e involucra discusiones, que nos proponemos abordar en este estudio, relacionadas con el problema de la iniciativa moralizadora del Estado.

La relevancia del Estado en la mediación

El proceso legislativo por el cual se convertiría en un programa estatal le imprimiría a la mediación no sólo un marco legal regulatorio, sino que instituiría por primera vez en Córdoba al Estado como el actor princi-

16 Especialmente los argumentos apuntan a su carácter respecto a lo jurisdiccional y a lo voluntario. Para los autores del primer proyecto que se presentó en la legislatura, el problema se explica porque la mediación debería ser prejudicial y obligatoria. Si esta fuera la norma, todas las causas que ingresaran a tribunales iban a tener que pasar por mediación y luego en todo caso volver al juicio. La obligatoriedad se planteaba como imprescindible para que la institución comenzara a funcionar. Para otros, el fortalecimiento de la mediación judicial ha sido en detrimento de la extrajudicial. La obligatoriedad de la judicial no deja lugar a la voluntariedad en la extrajudicial. Desde esta perspectiva debía ser toda voluntaria o bien toda obligatoria. Son muchas e importantes las implicaciones de estos postulados. Pero no nos detendremos en este momento a indagar en ellos sino que será tema del capítulo cuatro. Por ahora sólo lo expresamos para ilustrar gran parte de la insatisfacción con el funcionamiento de la mediación.

pal para dirigir e implementar la mediación. En este sentido, el caso cordobés adquiría ciertas particularidades; de ahí, al menos desde nuestra perspectiva, se vuelve interesante para el análisis.

En las experiencias desarrolladas en Argentina en particular y en la región latinoamericana en general, más allá de las variaciones específicas, existe una tendencia: las prácticas de mediación que permanecen dentro del ámbito del Estado se desarrollan de una manera bastante apegada a la formalidad e institucionalidad de los procesos judiciales, y por lo general se trata de las primeras etapas dentro de esos procesos. Por otra parte, la mediación que rompe con esa formalidad y se aleja de la rigidez de los procedimientos, que propone una lógica diferente de abordar el conflicto, que se extiende hacia casos que no ameritan una intervención judicial, esa "otra" mediación en general se mantiene al margen del Estado y la desarrollan asociaciones y centros privados o de la sociedad civil. La particularidad del caso de Córdoba yace en que la mediación se mantiene dentro del Estado y al mismo tiempo pretende romper con las modalidades y lógicas propias de la justicia incorporando criterios distintos y, como veremos, hasta opuestos a ella. Este último punto fundamenta en gran medida la relevancia de nuestro estudio, el cual tiene un doble interés: por un lado, desentrañar la sustancia de la mediación en el modo en que se implementa en Córdoba, y al mismo tiempo entender el papel del Estado en ese proceso.

Por eso tomamos como punto de inicio para el desarrollo de nuestro análisis la mediación en su etapa postlegislativa (es decir, luego de sancionada la ley provincial de mediación).[17] Esto se debe a que nos interesa especialmente el papel del Estado en este proyecto, y sólo es a partir de ese momento cuando se sientan por primera vez las bases para que la mediación sea un proyecto *del* Estado.

El modo en que se despliega la mediación en Córdoba reviste algunas implicaciones que consideramos importante considerar. Cuando la mediación se mantiene en el ámbito de la justicia (mediación judicial), las modificaciones (de actores y criterios que rigen la resolución de conflictos) no son tan drásticas, porque el estilo es similar a los procesos judiciales. Pero cuando la mediación sale del ámbito judicial (mediación

17 Un recuento detallado de la historia de la trayectoria de la mediación en el Poder Legislativo cordobés puede encontrarse en los anexos de este libro.

extrajudicial) las diferencias son más nítidas y sustantivas. En tanto la mediación no judicial se ocupa de problemas menores que no *caben* en la justicia —como problemas barriales, de familia, de los consumidores, en la escuela— se está extendiendo hacia un ámbito previamente no regulado por el Estado. En el caso de la mediación no judicial el avance es más notable porque son asuntos que, en principio, no corresponderían al Estado. Allí, el Estado avanza sobre un área previamente no penetrada por él. De esta manera, la mediación es una estrategia de gobierno que promueve el orden —porque señala modos de resolución de conflictos— extendiendo la autoridad estatal hacia regiones o campos sociales previamente no regulados. Pero, además, en este nuevo tipo de coordinación el Estado convoca a actores diferentes: actores privados para incorporarse a esta tarea. Así, la mediación nos sitúa ante un mapa de complejas, pero sobre todo ambiguas relaciones entre aspectos jurídicos y no jurídicos, estatales y privados. Este argumento sobre la regulación estatal de nuevos campos, junto a la modalidad que esto adquiere nos obliga a indagar si la mediación nos presenta un nuevo o diferente modelo de coordinación estatal, pero especialmente a dilucidar de qué trata el mismo, a quiénes involucra y con qué expectativas. De este modo, va tomando forma nuestro interés.

De la ley de mediación al proyecto moral

Nuestro caso se diferencia de otras experiencias de mediación en otro aspecto fundamental: éstas se mantienen distantes de cargas valorativas y normativas y se fundamentan en objetivos más prácticos. Expliquemos un poco más esto. Muchas experiencias de mediación en Argentina y en el mundo persiguen el objetivo de resolver los problemas entre las personas con un interés especial por contribuir a mantener las relaciones sociales. Éstas, en su mayoría, se fundan en razones de carácter práctico y concreto: aunque lo hacen de manera constructiva y no violenta, el objetivo se acota en resolver un problema de la mejor manera para las partes implicadas. Nuestro caso, por el contrario, quiere trascender el conflicto; está altamente determinado por valores y aspectos del deber ser, y a esto denominaremos "proyecto de moralización social". Este es el primer y más importante supuesto con el que vamos a tratar. Para expresarlo nos basamos en las justificaciones de este programa político:

> El objetivo general que se pretende alcanzar a través del programa es el de implementar y desarrollar la mediación en todo el ámbito de la provincia de Córdoba como herramienta para promover un cambio estructural hacia formas más armónicas de convivencia que contribuyan a mejorar la calidad de vida de todos los habitantes recuperando valores tales como la solidaridad, el respeto y el reconocimiento por el otro, la autodeterminación y la equidad (Fortuna, 2006).

El componente normativo (*el deber ser*) de la mediación, que se refiere a un modelo de sociedad ideal, lleva a que la mediación sea propuesta como una herramienta que, por sus bondades, permitiría acortar la brecha entre la sociedad real y un modelo de sociedad deseada. De esta forma encontramos argumentos que sostienen que la mediación es una herramienta nueva, un sendero espiritual, una necesidad política, un desafío ético (Oyhanarte, 1996). La justificación de que en el programa de mediación, que aquí estudiaremos, reside un proyecto de moralización social, encuentra sustento en algunos postulados implícitos en el mismo programa: se espera que la mediación consiga imponer un tipo de relación social virtuosa, una forma de convivencia no fundada en normas y regulaciones impuestas, sino en deberes y responsabilidades a los que los sujetos se sientan obligados a responder. Es por el contenido moral del programa de mediación en Córdoba y sus particularidades que nos parece significativo su estudio. Entonces, partimos de la idea de que la iniciativa de mediación en Córdoba es un proyecto de Estado en el que se expresa un modelo de ingeniería social para la reconstitución de lazos morales. En otras palabras, los programas de mediación que se desarrollan forman parte de un programa estatal que se propone configurar y reforzar un orden moral de la sociedad.

Obviamente el caso de Córdoba no es la única práctica de mediación fundada en estos propósitos. Pero lo que lo vuelve relevante de investigación es que sea el Estado quien decida comandar esa iniciativa. Es posible señalar otras experiencias en las que la mediación ha sido utilizada desde el Estado con los mismos fines, es decir, con el propósito de introducir valores antes que mejorar la justicia o resolver los conflictos de las personas. Como sostiene Hofritcher (1987) los foros para la resolución de conflictos vecinales auspiciados por el Estado son fundamentalmente instituciones estatales de control político y social. En una línea de pensamiento similar, Merry señala que los líderes políticos utilizan a menudo los medios alternativos de resolución de conflictos para rediseñar las sociedades. Para fundamentar esto, la autora reseña varios estudios de experiencias en distintos lugares del mundo. En China, los programas de mediación comunitaria constituyeron parte esencial de la estrategia de socialización por medio de la cual procedió la Revolución y tuvo lugar la reeducación de la población. En Cuba, en la temprana etapa postrevolucionaria, el gobierno obtuvo beneficios políticos de un conjunto de estrategias de justicia popular articuladas claramente con un nuevo orden moral. Las cortes extrajudiciales fueron ámbitos para la reeducación de lo público en una legalidad y orden social socialista en la Unión Soviética (Merry, 1993).[18] Abundan ejemplos que muestran una cara de la mediación que no acabe directa y únicamente en la respuesta práctica a los problemas que la gente vive, y que además hayan sido promovidos desde el Estado. Ahora bien, si nos detenemos en los ejemplos que acabamos de señalar, vemos que se trata de estados intervencionistas, no liberales y con fuerte incidencia en la vida de las personas (China, Cuba, la desaparecida Unión Soviética). Cambiar la sociedad interviniendo en la modalidad en que las personas manejan sus conflictos no es una idea exclusiva y original de quienes diseñaron la mediación en Córdoba. La mediación ya antes y en otros sitios fue implementada —y estudiada— con este propósito, pero con una diferencia fundamental en cuanto al tipo de Estado que desarrollaba la idea. Nuestro caso comparte con estos otros la iniciativa estatal de establecer estos cambios a través de la mediación, pero sin duda no es un Estado que se parezca en algo a ellos: más bien el cordobés es un Estado moderno que ha cumplido dócilmente las tareas de las reformas neoliberales. Los estados que han ensayado estos intentos moralizadores con la mediación, son estados con historias y características muy diferentes del Estado cordobés.

18 Auebarch (1983) es otro de los autores que convergen en esta idea. Él estudia el caso de la forma de resolución de justicia que la comunidad menonita adoptó en Estados Unidos y explica cómo con ella se reproducían los modos de vida propios y diferentes al americano con el firme objetivo de mantener viva la comunidad de origen.

Por eso, nuestro caso se destaca de otros porque la mediación que permanece dentro del ámbito del Estado se desarrolla no apegada a la formalidad e institucionalidad de los procesos judiciales, sino que despliega un proyecto de cambio social cargado de contenido moral.

En el tipo de intervenciones a las que nos referimos, el Estado asume la responsabilidad por el tipo de sociedad y las formas de relación social, y pretende producir un nuevo modelo de convivencia ciudadana a partir del desarrollo de determinados valores en los sujetos. En consecuencia, es materia de acción política el diseño de dispositivos institucionales destinados a generar este contexto social. Se trata de políticas altamente cargadas con componentes normativos en los que se resaltan valores y orientadas a incidir en los modos de vida de las personas, en sus hábitos y relaciones cotidianas.

Pero aunque el Estado se ubica en el centro del modelo de mediación con el que estamos tratando, pretendemos considerarlo no en un sentido clásico institucional, como ente dado, jerárquico y separado de la sociedad. Consideramos que es necesario un concepto de Estado que permita ver las lógicas con la que piensa, diseña e implementa el gobierno de lo social. Por eso, la perspectiva que interesa es una que mire al Estado no exclusivamente desde sus instituciones —aspectos burocráticos-organizacionales—, sino una que resalte las negociaciones y contradicciones entre una dimensión de las significaciones —imágenes y representaciones— y una relativa a las prácticas de los actores. La articulación entre estas dos dimensiones atraviesa todo el texto.

Especialmente nos interesa un enfoque como éste porque evidencia una dificultad general pero elemental para nuestro caso: lo compleja e intricada que puede resultar la intervención política orientada a desarrollar en los sujetos determinados valores y modos de vida para generar modelos específicos de sociedades, tal como lo propone la mediación. Este tipo de dificultades serán desarrolladas en extenso en el primer capítulo, pero son la base sobre la que se asienta el análisis completo, por eso es importante aclararlo desde el inicio. Es más, la inquietud original que motiva esta investigación es la duda sobre el postulado acerca de la efectividad —esto es, de la consecución de los objetivos— de una intervención gubernamental como la de la mediación para generar reglas morales. La suspicacia es parte fundamental de la trama de todo este estudio y debe ser considerada como clave de lectura del mismo.

Organización del libro

El primer capítulo aborda en detalle el problema de esta investigación ya adelantado en la presente introducción. En el mismo, se comienza explicando en qué aspectos específicos se sostiene la idea que junto con la mediación en Córdoba, se desarrolla un propósito de moralización social. Seguidamente se despliega la justificación y el encuadre teórico, esto es, por qué resulta problemático que el Estado, tal como lo hace en el caso de la mediación, se proponga este tipo de objetivos. Por último, se construye una definición de Estado que resulte apropiada para estudiar este problema.

El segundo capítulo desarrolla lo que llamamos estructura del código moral de la mediación. La pregunta que lo organiza es: en qué consiste concretamente esa moral que desde el Estado se propone generar con la mediación. La estructura de esa moral está constituida a partir de varias dimensiones que, organizadas e interrelacionadas, dan forma no sólo a la moral en sí, sino a la necesidad de generarla, los medios para lograrla y las consecuencias de no realizarla.

El tercer capítulo rastrea la idea de Estado presente en todo el proceso. El concepto de Estado que pretende ser defendido es reconocible a partir de las prácticas estatales —especialmente en la distribución de tareas entre actores públicos y privados—; pero además, y especialmente, en un plano discursivo a partir de cómo los actores definen al Estado mismo, como institución que funciona *en* una sociedad; en segundo lugar, cómo construye desde ese lugar un deber ser social y cómo se constituye él mismo como el actor indiscutible para desarrollar esta actividad. En este capítulo *el Estado* está representado en las voces de sus actores: legisladores, funcionarios y mediadores.

El cuarto capítulo intenta mostrar cómo algunos aspectos institucionales y organizacionales, al tiempo que delimitan y terminan de dar forma al código moral de la mediación, generan serias inconsistencias que terminan contradiciendo el proyecto de moralización mismo.

El análisis pormenorizado del proyecto moral contenido en un programa para la resolución de conflictos nos llevará a concluir que el mayor problema de la mediación reside justamente en su identidad, en sus fundamentos y objetivos, esto es, en la moralización. La pretensión de desplegar junto con este programa de resolución de conflictos un proyecto de moralización social, es lo que llena de paradojas, inconsistencias y ambigüedades a la mediación. No obstante, y más allá de que sus equivocidades son una evidencia constante de lo inasequible que resulta la implementación de un proyecto de moralización, encontramos algunas posibles vías para entender la persistencia e insistencia sobre el mismo. Estas posibles interpretaciones de los motivos residen en la definición de una idea o modelo de Estado que trata de imponerse.

Nota metodológica

Este trabajo es un estudio de caso; por lo tanto, la selección de la información estuvo determinada principalmente por el criterio temporal marcado por el inicio de la mediación en la provincia de Córdoba, Argentina (año 1995 como punto de origen del debate parlamentario). El material empírico fue recogido durante el año 2006, por consiguiente todo lo que aquí se expresa, desde el planteamiento del problema de investigación, la justificación, los datos respecto al funcionamiento de la mediación, sus dificultades más importantes, sus restricciones, etcétera, corresponden a la realidad de la mediación en Córdoba del año 2006. Esto es importante recalcarlo ya que algunos aspectos de la mediación podrían haber sido modificados a la fecha. Cuando contemos con el dato de esas modificaciones, las señalaremos, aunque en ocasiones no fue posible obtener esta información. Sin embargo, lo que nos importa en este libro, el objetivo moralizador del Estado, sigue siendo un aspecto importante de la mediación hoy.

Nos basamos en diferentes fuentes de recolección de datos e información: documentos oficiales, fuentes secundarias, entrevistas en profundidad, observación de casos y participación en cursos de formación y perfeccionamiento de mediadores. Las dos primeras fuentes consisten en los proyectos de ley presentados, decretos reglamentarios, estatutos organizativos, manuales de procedimiento y leyes comentadas. Asimismo, se realizó un seguimiento del proceso legislativo de la mediación atendiendo especialmente a las posiciones y argumentos de los legisladores en los debates en el recinto legislativo provincial. Las entrevistas[19] se rea-

[19] Realizadas todas entre marzo y agosto de 2006. Se omiten los nombres de los entrevistados para mantener el anonimato, y por el mismo motivo, en algunas ocasiones se suprime también el nombre de algún centro de mediación.

lizaron a operadores del sistema, cuidando que cada uno de los aspectos organizativos de la mediación estuviera presente. Es decir, se entrevistó a mediadores abogados y de otras disciplinas y a coordinadores de todos los tipos de centros. También se entrevistó a quienes elaboraron los diferentes proyectos presentados en las cámaras y a abogados que se oponen a la mediación. La observación de casos junto a la participación en los cursos de formación de mediadores, por un lado, y de capacitación constante, por otro, generó un útil complemento de las otras técnicas de recolección de información. Todas ellas en conjunto se potenciaron para dar forma a un corpus lo suficientemente completo y general para lograr los objetivos de esta investigación.

El criterio de análisis de toda la información recogida estuvo definido, en todo momento, por los aspectos del marco teórico analítico del concepto de Estado que manejamos, de manera que las representaciones y en especial los discursos acerca de las prácticas de los actores constituyeron dos ejes fundamentales.

Mediación, Estado y moralización

Nuestro interés es abordar críticamente la relación entre el Estado, la moralización y la mediación, destacando los puntos equívocos y menos convincentes de esta relación para el caso cordobés. Por eso, en primer lugar describimos de qué trata y cuál es el lugar que el cambio social deseado ocupa en la ideología de la mediación, basándonos en los argumentos que desarrollan los discursos y estudios sobre mediación. Como en Córdoba este proyecto es encarado por el Estado, seguidamente advertimos y argumentamos sobre algunos problemas que esta tarea implica. Y, por último, establecemos los lineamientos teórico-metodológicos para el estudio del Estado. Así, en este capítulo respondemos tres preguntas. Primero analizaremos en qué aspectos específicos se sostiene la idea de que junto con la mediación en Córdoba se desarrolla un propósito de moralización social. Segundo, de dónde surge este interés del Estado y por qué creemos que resulta problemático que el Estado, tal como lo hace en el caso de la mediación, se proponga este tipo de objetivos. Y tercero, cuál es la definición de Estado que resulta apropiada para estudiar un problema como éste.

La moral en la ideología de la mediación

Retomemos los puntos de la sección anterior sobre los motivos utilizados para defender el desarrollo de la mediación. Uno de los argumentos que desde el inicio impulsó la mediación, fue el de la oportunidad de que ella mejorase la justicia argentina, liberando la sobrecarga de los tribunales y jueces. En defensa de la mediación se argumentaba que ella podía garantizar el acceso a la justicia de un mayor número de personas, ya que los costos de entablar una demanda vía mediación serían menores a los de las vías tradicionales (Poder Judicial). Este argumento empata con otra idea: muchas disputas no se resolvían por falta de instancias y posibilidades. En este sentido, la existencia de centros de mediación que solucionaran problemas menores contribuiría a revertir esta dificultad de la falta de posibilidades de acceso a la justicia.[1] Más allá de las reales posibilidades de que esto sucediera, dicha justificación —que apuntaba directamente al sistema judicial, a su funcionamiento— sin duda fue un buen punto desde donde promover la mediación.

Pero el mejoramiento del funcionamiento de los tribunales es un elemento secundario y completamente periférico en nuestro caso de estudio. Así lo describen los creadores del sistema cordobés: el primer objetivo de la mediación debe ser un aumento del protagonismo de las partes y su autodeterminación. Y tal vez, como consecuencia de ese protagonismo, se consiga ofrecer un espectro más amplio de opciones para solucionar el conflicto y brindar acceso a un proceso alternativo al tradicional que puede o no incrementar la satisfacción de las partes (Barbosa y Magris, 1998). Sólo como subproducto ella podría generar un aumento de soluciones a los conflictos sin la necesidad de recurrir a tribunales y, a su vez, con menores costos.[2] Además, los mediadores consideran secundaria la importancia de la culminación de una mediación con un acuerdo. Si lo primordial fuera sólo resolver los conflictos inmediatos de las personas, se esperaría que el acuerdo fuera una de las metas más importantes y fundamentales. De esta manera, la solución de la crisis judicial no era el aporte más significativo que la mediación pretendía generar en Córdoba. Ni tampoco lo era la exclusiva solución de los problemas de las personas. Esto no era lo que la mediación *tenía para ofrecer*, según la perspectiva de sus promotores. No sólo en su periodo de surgimiento, sino aún hoy otro tipo de fundamentos, motivos y justificaciones destacan las potencialida-

---

1 Para una reflexión sobre el aporte de la mediación al acceso a la justicia véase Bergoglio (2004). "*Reforma* Judicial y acceso a la justicia. Una mirada sobre los medios alternativos de resolución de conflictos", en el II Congreso socio-jurídico de Oñati. Las formas del derecho en Latinoamérica: democracia, desarrollo, liberación. Instituto Internacional de Sociología Jurídica de la Universidad de Oñati.

2 El papel que el acuerdo juega en la definición de la moral de la mediación se desarrolla en el capítulo dos.

des de la mediación. Es en ellos que queremos concentrar el análisis. En un tipo de respuestas diferentes, que no se dirigen ni al funcionamiento del sistema de justicia ni a la solución de los problemas de las personas, sino que se orientan al tipo de sociedad en que vivimos y desarrollan una visión del deber ser de las relaciones sociales y de las acciones y actitudes de los individuos en general. La mediación se instala con el propósito claramente definido de promover un cambio en las conciencias individuales de los sujetos sociales, generando una serie de valores en principio aplicados al ámbito de los conflictos y las situaciones problemáticas, pero útiles, valiosos y transferibles a la vida social en general.

Éste es el logro más importante que la mediación en Córdoba se propone como fin. Al tiempo que reconoce la importancia para la vida social de la existencia de estos valores en los sujetos, advierte la carencia e insuficiencia de los mismos en la vida cotidiana. Por lo tanto, su meta es generar el cambio social y cultural necesario para promover el desarrollo de estas cualidades. De esta manera, el objetivo de la mediación en Córdoba se convierte en su esencia, su espíritu, su identidad. El cambio social y cultural que ella se propone como meta, implica recomponer los lazos sociales y la comprensión mutua, el diálogo y el consenso para la preservación del entramado social. Así, la mediación sería una herramienta cuyas bondades consisten en facilitar y acortar la brecha entre la sociedad real y el modelo de sociedad deseada. Las referencias a un modelo de sociedad ideal aparecen y organizan constantemente el discurso de la mediación en el caso estudiado. Además, la carga de valores contenida en ella no sólo la define, sino que a veces opera como una fuente de legitimación. El modelo de la mediación es un deber ser moral, pues funda sus bases en una supuesta rectitud y civismo en las conductas de los ciudadanos, de los cuales se espera se rijan por principios que *internamente* orienten sus comportamientos. Se espera lograr una manera *virtuosa* de relaciones entre sujetos y convivencia cuyo potencial resida en el ámbito de deberes y responsabilidades a los que el sujeto cree que ha de responder y no en el de los impuestos por normas y regulaciones. Éste es el contenido moral del programa y nuestro punto de partida. En consecuencia, este estudio no pretende demostrar que el cambio social es un rasgo que define la mediación que lleva a cabo el gobierno cordobés, sino que partimos desde allí con la tarea de definirlo y analizar algunas de sus implicaciones.

Existe mucho material escrito sobre este componente de la identidad de la mediación, trabajos que apoyan la mediación creyendo en ella como un medio eficaz y legítimo para mejorar la calidad de vida de las personas, en el sentido que venimos señalando (Schwerin, 1995; Boqué Torremorel, 2003; Gottheil, 1996; Baruch Bush y Folger, 1996). Este tipo de intervenciones por parte del Estado, en la sociedad, configuran un terreno sobre el que las estrategias desplegadas deberían actuar y especificar sujetos de gobierno, como individuos que son, potencial o efectivamente, sujetos de obediencia a un conjunto de valores, creencias y compromisos (Rose, 1996). Se apela a los sujetos como individuos morales con lazos de obligaciones y responsabilidades, sujetos que son responsables de sí mismos pero a la vez están ligados a ciertos lazos de afinidad a una red circunscrita con otros individuos: grupos de familia, localidad, compromiso moral, etcétera (Rose, 1996).

El énfasis puesto en un modelo de sociedad ideal no deja dudas de que lo primordial es promover un cambio sociocultural. Sin embargo, algunos aspectos de este propósito son ambiguos y poco claros. Por un lado, los fundamentos morales del programa —aquellos valores que quiere desarrollar en los individuos— no dejan claro si lo moral es parte de un etiquetamiento de un problema que la sociedad *padece* o si es la solución a ese padecimiento. Es decir, el fundamento de la mediación no deja claro si la crisis de valores —crisis moral— es la situación no deseada que se quiere cambiar o lo que es moral es el medio para el cambio.

Por otra parte, los propósitos sobre su potencialidad transformadora —aunque recalcados— son a simple vista demasiado generales. En ocasiones la esencia o identidad de la mediación se pierde en un simple optimismo y deseos de transformación social. Se hace de este optimismo la esencia del programa, pero los enunciados no especifican cómo podría lograrse eso. En un primer acercamiento al tema, esto queda sin resolverse. La tarea de ponerle claridad, ordenar los significados y explicar el sentido de esta identidad de la mediación en Córdoba es una tarea que corresponde a este trabajo. El sentido del cambio social y el contenido de la *moralización* se entienden con mayor claridad cuando se analizan las prácticas concretas y los discursos de los actores de la mediación en Córdoba.

El proyecto moral que se despliega junto con la maquinaria de la mediación —y que se constituye como objeto de este trabajo— trasciende el texto legal de la mediación porque indaga en ideas, procesos y fundamentos que exceden el contenido sustantivo de la ley de mediación. De hecho si nos limitásemos a analizar el documento legal, nuestra pregunta tendría poco sustento. Se extrañan en la ley disposiciones sustantivas y definiciones que pretendan regular comportamientos sociales. Y se extrañan porque la mediación, una vez puesta en práctica, no se mantiene ajena a la regulación social, normativa y cargada de valores. La discusión sobre los logros que la mediación podría llegar a generar en el contexto social la encontramos en la puesta en funcionamiento del programa. Es necesario ir más allá de la ley y estudiar las prácticas estatales de la mediación, ya que se convierten en una manera apropiada para abordar el proyecto moral que las sostiene. Entonces nuestro trabajo da cuenta de cómo es, en qué consiste, cuáles son los fundamentos, y cómo se lleva a cabo ese modelo moral propuesto por el Estado y al que la mediación quiere acercar a la sociedad. Ésta es la gran pregunta que estructura el presente estudio.

Frente a estas miradas que ven en la mediación algo tan prometedor, existe una manera diferente —más bien crítica— de interpretar el tema y desde la cual no existe pleno convencimiento acerca de las posibilidades de estos proyectos. Esta otra mirada se aleja de la mediación como la consagración de la utopía social y en cambio pone énfasis en su carácter político, se pregunta por sus contradicciones, su relación con el Estado, su sentido más amplio en la sociedad. Es esta otra mirada la que adoptamos en nuestro estudio.

¿Una modalidad del Estado más allá de la coyuntura política?

Si bien partimos de la idea de que la mediación se propone conseguir cierto cambio en la sociedad, es pertinente preguntarnos por qué sucede esto. ¿Por qué la mediación surge con este espíritu de cambio social y no se limita a resolver los conflictos desde una perspectiva práctica y concreta?; ¿por qué el cambio social que propone se llena de un contenido moral?; ¿cómo y por qué a alguien podría ocurrírsele la idea de generar un cambio moral a través de la mediación? Y, finalmente, ¿por qué ese alguien es el Estado?, y ¿por qué en ese momento particular?

Por un lado, encontramos algunas respuestas en la mediación en tanto institución, en tanto propuesta de resolución de conflictos en sí, más allá de que sea un programa estatal. Así, es posible que la mediación sea presentada como una herramienta para el cambio social y que ese cambio sea moral, porque propone una manera de manejar el conflicto. El conflicto es parte constitutiva de las relaciones sociales, pertenece al ámbito inmediato y cotidiano de la vida de las personas y por eso es un espacio sensible a los valores, las normas, las formas de relaciones intersubjetivas. Al menos desde un plano conceptual acerca de lo que la mediación es como institución. Al mismo tiempo, la variedad de los modos en los que una sociedad administra sus disputas, comunica los ideales de esa sociedad, sus percepciones acerca de ella misma, la calidad de sus relaciones con otros; nos indica si esa sociedad quiere evitar o reforzar el conflicto, suprimirlo o resolverlo de una manera amigable. Cómo se resuelve el conflicto es en definitiva cómo se preserva la comunidad (Auerbach, 1983). Esta vinculación posibilita que la mediación sea pensada como una maquinaria para el logro de efectos deseados de sociedad.

Por otro lado, su supuesto impacto en las relaciones sociales se asocia a que podría reducir el conflicto y la tensión en la comunidad. La mediación ofrecería esto porque —aseguran sus defensores— provee mecanismos para que las personas se comuniquen eliminando hostilidades fundadas en malos entendidos. Aunque el número de disputas resueltas sea pequeño, el mejoramiento de la calidad de vida vecinal puede ser muy grande (Lowry, 1993). Por eso para muchos es una inversión social a largo plazo en la salud y la estabilidad de los individuos y las comunidades. La nueva cultura de la convivencia se generaría porque ofrece unas herramientas de comunicación y acercamiento social, ayudando a lidiar con las circunstancias difíciles de la vida y salvando las diferencias humanas en medio del conflicto (Boqué Torremorel, 2003). Con la descripción de estas características de la mediación, como herramienta para tratar con los conflictos, es posible comenzar a entender por qué se carga con este tono moralista y es pensada como herramienta de cambio social: en definitiva, porque le compete un área sensible a los valores. Pero estas respuestas aún no responden por qué el Estado toma esta iniciativa, de dónde surge el interés del Estado por plantear la mediación con ese tono. Pensando el problema desde el caso que nos ocupa, la pregunta es por qué el Estado cordobés toma esta iniciativa.

Podría ser útil repasar rápidamente el contexto político-social en el cual la mediación surgió en Córdoba y desarrolló sus primeros años.

Cuando surge la mediación en Argentina, a principios de la década del 2000, el país estaba atravesando una situación crítica marcada por un contexto de empobrecimiento, vulnerabilidad social, tensión y crisis de representación política. Hacia finales del año 2001, la renuncia del presidente de la nación fue el punto culminante de un proceso de denuncias hacia las instituciones políticas. Al mismo tiempo, la situación fiscal y económica demostraban las limitaciones de la política institucional para dar respuesta a las demandas de la ciudadanía. Este contexto de tensión, incertidumbre e inestabilidad social creciente aumentaba las posibilidades de surgimiento de conflictos cotidianos, provocados por una suerte de "estrés colectivo"; luego, no sería del todo irrazonable pensar que la mediación fue parte de un ensayo estatal para paliar y apaciguar el contexto crítico de ese momento.[3] Sin embargo, descartamos este elemento para explicar el surgimiento de la mediación. No creemos que la crisis (severa y) general que definió el contexto sociopolítico en el que surge la mediación explique en profundidad el interés del Estado en promover esta práctica como una vía de cambio social.[4] La crisis sólo funcionó como un argumento explicativo para justificar el programa, no sólo en su momento de surgimiento sino también en los años posteriores. Además, si bien el contexto coyuntural podría explicar por qué el Estado decide poner en marcha una política de mediación, no explica por qué la mediación surge con un contenido moralizante. La crisis sólo es, repetimos, un elemento de justificación posterior. Nuestro argumento remarca otros aspectos del problema y apunta a una modalidad del Estado. Por eso trasciende no sólo la coyuntura política particular, sino también trasciende a un gobierno particular: no depende de si se trata de un gobierno de tal o cual orientación política, sino que creemos

---

3 No obstante lo insignificante que podría haber sido el impacto de la mediación en la economía de las personas, ya que el mayor problema era la situación de exasperación y enojo por las medidas de retención bancaria de los depósitos de ahorristas.

4 Entre otras cosas porque crisis hubo siempre y justamente una de las características de ésta en particular era la sospecha y rechazo de todo lo que proviniera desde el Estado. Hasta podría interpretarse como una burla a la ciudadanía: era el mismo Estado el que había "creado" los problemas y ahora creaba instancias para resolver otros problemas menores. Debido al descontento hacia lo estatal en general, lo último que quería la gente era que el Estado les ofreciera un espacio para *mediar pacíficamente* los conflictos. Basta con recordar la frase "que se vayan todos" con la que el pueblo argentino expresaba su descontento hacia la clase gobernante durante la crisis de diciembre de 2001.

que se trata de una modalidad que adquiere el Estado. Esta modalidad tiene un doble rasgo: uno típico y habitual del proceder del Estado ante la sociedad, esto es, el empeño por crear sociedades *ideales*, y otro que define una modalidad actual del Estado neoliberal. Este segundo rasgo explica —más allá de que el Estado siempre haya buscado crear sociedades ideales— por qué el ideal de sociedad se define en estos términos —moralización social— y en este ámbito —resolución de conflictos—. A continuación describimos cómo funciona el primero de estos rasgos. El segundo es una hipótesis que necesitamos probar y uno de los resultados al que llegaremos hacia el final del libro, luego del análisis del caso que nos ocupa.

Los intentos estatales por crear sociedades ideales

El hecho de que la mediación en Córdoba pueda ser definida a partir de las metas que se propone, sumado además que ésta es encarada desde el Estado, nos invita a plantearnos interesantes reflexiones que trasciendan el dominio exclusivo de los programas de mediación y conciernan de una manera más amplia a modalidades de intervención por parte del Estado en las sociedades: nos hace pensar en qué modelos de organización social proponen y cómo operan para lograrlo. Destacamos entonces la actitud estatal de la deseabilidad del cambio social. De hecho, antes de evaluar el potencial de una u otra reforma social para alcanzar una transformación, es importante remarcar la deseabilidad del cambio social mismo (Merry y Milner, 1993). Es decir, no se trata de algo totalmente inédito y propio de un contexto político y social particular, sino de una lógica de intervención estatal.

Cuando el Estado —cualquier Estado en general— programa algún tipo de cambio social, simultáneamente está realizando otras tareas. Una de ellas es la definición de un problema. Ciertos estados de la sociedad o nuevos temas son seleccionados de un conjunto de asuntos y etiquetados como problemas o como situaciones problemáticas. Posteriormente, se diseña un modo de arreglar o mejorar esa situación. Para eso se desarrollan estrategias y programas de intervención. Éste es un tema recurrente en las formas que ha tomado la relación Estado-sociedad y se inscribe en los deseos de construir sociedades que tengan como guía ciertas prácticas y rituales de una vida pública (de manera homogénea en la mayoría de los casos) que lleva no sólo a la construcción de la *buena sociedad* sino que, al mismo tiempo, a una noción de *buen gobierno*. En estos proyectos los Estados piensan a la sociedad como una arena regulada con ciertos principios; dichos principios presentan definiciones acerca de lo público, las relaciones, la comunidad, los individuos, el conflicto social, que por lo general conviven (y compiten) con otras formas desarrolladas y consolidadas en esos espacios sociales. Como sostiene Chakrabarty:

> [...] el mundo de los Estados modernos funciona como una estructura de relaciones que se caracteriza por ser un modelo capaz de reproducirse en diferentes niveles, entre naciones, entre grupos étnicos modernos, entre castas. Esta es una idea que nos ha acompañado desde la segunda mitad del siglo XVIII y ha sido empaquetada en el concepto de *civilización*. Cuando éste fracasó, en el siglo XIX se prefirió hablar de *progreso*, y en el XX de *desarrollo;* pero la idea siempre fue la misma: la construcción de grupos sociales cuyo nivel de éxito sea perfectamente medible a partir de algunos indicadores universalmente aplicables. Existe una sensibilidad que hace que algunos patrones sean modelo a seguir para el resto del mundo. Todos los gobiernos participan de alguna manera en esta sensibilidad que llega a plantearse como de sentido común y se funda en mecanismos de los Estados modernos y en requisitos universales para la gobernabilidad de los espacios públicos (Chakrabarty, 2002: 90).

Estas tareas son parte esencial del hacer político, y son partes constitutivas de la lógica estatal. Al respecto, Dube reflexiona sobre la idea de que la necesidad de una historia universal y la imagen de una modernidad siguen siendo un proyecto primordial en las postrimerías del siglo XX. La modernidad está plasmada y representada por un proyecto de progreso que funciona por sí solo y por una evidente encarnación del desarrollo. La modernidad impulsa a los estados y orilla a las sociedades a cambiar su pasado tradicional por un presente moderno y cada vez más por un presente futuro postmoderno cuyo camino andado es señal tanto de la trayectoria como del final de la historia universal (Dube, 2001). Estos autores nos muestran que es común que el Estado busque promover su sociedad deseada. Cuando un programa de gobierno está constituido principalmente por obligaciones y responsabilidades del deber ser, existe un supuesto fundamental: estas categorías no sólo son postulados universalmente planteados para todos y por igual, sino que además son un conjunto de preceptos y técnicas que pueden aprenderse y convertirse en objeto pedagógico (Chakrabarty, 2002). Al mismo tiempo, cuando los estados atribuyen un significado moral a ideologías políticas, lo hacen como un medio para sacralizar un determinado tema y quitarlo de la arena de lo cuestionable (Moore, 1993). Pensar que un proyecto de moralización puede ponerse en marcha desde programas políticos, es estar convencidos no sólo de que *lo moral* es un *contenido* que se puede *enseñar* como cualquier otro, sino que los sujetos pueden responder y apropiarse de éste en un proceso de formación asistida por el Estado.[5]

Pero el problema está en que los ideales que el Estado construye acerca del todo social no coinciden con los que la misma sociedad tiene para sí. Y a menudo esta modalidad de la relación Estado-sociedad se torna extremadamente difícil, llevando a muchos proyectos de este tipo hacia la inefectividad completa. Esto es, cuando el Estado procura crear moralidad por la vía de los programas políticos por lo general se frustra en el intento.

¿Qué sucede cuando el Estado define los parámetros morales por los que debe transcurrir la sociedad? Cuando los estados nombran y etiquetan como moral a una cuestión política, se envía un mensaje ideológico, pero esto no significa que las señales generen el efecto deseado.[6]

---

5 El problema de la obligación política respecto a valores ha sido ampliamente estudiado y constituye uno de los nodos críticos del liberalismo político. El tipo de intervenciones estatales destinadas a "regular los valores de las personas" puede ser presentado bajo dos modelos diferentes. El primero de ellos sostiene que los individuos pueden limitar su libertad de acción solamente a través de actos voluntarios —por eso los ciudadanos tienen que acatar las restricciones que impone el derecho sólo cuando hayan consentido—. El segundo modelo en cambio sostiene que acatar o no lo que ordena el derecho y la política no depende de la voluntad del sujeto, sino que depende del *contenido* de las acciones que se exigen. Se obedecerá sólo si el contenido ordenado se adecua a ciertas pautas éticas. Véanse Malem, 2000; Dworkin, 1989.

6 En México, por ejemplo, la despenalización del aborto es un tema cuya discusión fácilmente ha sido llevada a terrenos morales en lugar de mantenerse en el ámbito de la salud pública; o también en ese país, la compra-venta de productos en el mercado negro (piratería) es abordada por el Estado como un asunto de falta de moral y valores en las personas y no desde el problema público de la economía informal.

Esta manera del hacer político, del modo en que funciona el gobierno de una sociedad, nos ubica en un escenario problemático que expresa la *irrealizabilidad* —o al menos la seria dificultad— de los ensayos para crear moralidad.[7] Expliquemos esta idea.

En la lógica que previamente describimos —cuando la moral se involucra en programas de gobierno— es posible identificar un Estado, una sociedad y un modo de vinculación entre ambos. El Estado pretende sostener una mirada investida de objetividad acerca de la sociedad, la objetividad superior del que mira desde afuera, y en algún sentido desde arriba. Así, el Estado sería un observador político que construye una mirada sobre su sujeto: la sociedad. En estos términos organiza la lectura del espacio público y de las relaciones sociales. El que mira desde afuera es un extraño, pero no por no pertenecer al lugar, sino por no habitar el marco conceptual o teórico del actor que es observado (Chakrabarty, 2002).

Esta objetividad ayuda a la racionalización y estandarización de la realidad social, que en parte se realiza con el fin de generar legibilidad administrativa, y como lo indica Scott, esto es una tarea de ingeniería social. "El orden social diseñado o planeado desde las instancias de gobierno, es necesariamente esquemático, y por lo tanto ignora rasgos esenciales de los órdenes reales en funcionamiento" (Scott, 1998: 7).[8] Sin embargo, no se trata sólo de un detalle técnico para hacer legible la sociedad. Puede ser muy práctico, e incluso casi la única manera factible de intervenir sobre una realidad social, pero esta objetividad —en términos del que mira desde afuera— lleva a que ciertas prácticas se transformen en rituales universales de la vida pública. No obstante, las personas —por diversos motivos— no necesariamente comparten y participan en estos deseos colectivos, por lo que esta universalidad difícilmente pueda tomar el estatus de hecho evidente tal como pretende

7 Por supuesto que en determinadas coyunturas estos intentos podrían ser más abundantes que en otros periodos, pero lo que queremos resaltar es que es una tendencia de los Estados en general, aun de los menos intervencionistas y más liberales, proyectar modelos de sociedades deseadas. Lo que variará será probablemente el contenido de esos *proyectos*.

8 Esto no parece ser en sí mismo un problema, ya que como lo plantea este autor dichas tipificaciones son esenciales para el diseño estatal, que son a la vez técnicas para asir una realidad amplia y compleja, y es la única manera con la que pueden trabajar los gobiernos y con la que pueden acceder al conocimiento directo de una sociedad antes opaca (Scott, 1998).

ser postulado. Éste es uno de los puntos débiles que tiene la intención estatal en pos de generar un determinado tipo de sociedad.

Cuando las imágenes convergen en una sola y única forma de entender el modo en que la sociedad *debe ser*, se eliminan los visos de otras manera de ser de la sociedad, contradictorias y abigarradas que han definido nuestros pasados y que siguen constituyendo una presencia palpable (Dube, 2001). Aquí se gesta un sustancial escollo que si no es debidamente atendido puede desembocar en resultados no previstos y en consecuencias no sólo no esperadas, sino a veces completamente opuestas a lo aspirado. Las prescripciones sobre la definición de *lo bueno*, por lo general no coinciden con las formas de la comunidad y lazos sociales que dan forma a los espacios sociales. Como dice Chakrabarty, "en las raíces gubernamentales de la moralidad moderna, el problema no es tanto en relación a los valores morales en sí mismos, sino en cuanto a su carácter abstracto y pretendidamente universal" (Chakrabarty, 2002: 80). En esta lógica del quehacer político la sociedad y el Estado son pensados como ámbitos puros, opuestos y que funcionan independientes uno del otro. Esto hace que se pasen por alto las diferentes formas en que los símbolos y metáforas del Estado en el ejercicio del poder se explotan y se imbrican en la construcción de comunidades, cómo forjan sus nociones de orden y sus identidades, sus legalidades y patologías (Dube, 2001). Las reificaciones propias del hacer político dejan poco espacio a las formas en que la cultura va siendo constantemente construida, diversamente debatida y de manera diferenciada, elaborada en, a través y a lo largo del tiempo. La gente en general no considera estos llamados del Estado a la disciplina, al orden público, a la civilidad. Las materializaciones que realiza el Estado suelen pasar por alto el hecho de que las tradiciones y las modernidades sean producto de las energías combinadas de los grupos, de la fuente de recursos compartidos.

¿Cómo se relaciona este problema de orden conceptual sobre el quehacer político, con el caso que estamos desarrollando? Desde las primeras y más sencillas lecturas de la mediación se puede enunciar que ésta no tiene un desempeño favorable.[9] Este desempeño podría evaluarse en dos dimensiones. Por un lado, por su uso —en este sentido diremos

9 Especialmente la no judicial, y dentro de ésta la no judicial privada.

que la mediación no funciona como se espera y la evidencia es su escaso desarrollo—. Por el otro, por su objetivo; aquí en cambio habrá que decir que lo que no funciona es la moralización y el fundamento de esto es parte del problema que estamos construyendo. El limitado uso de la mediación no es más que el primer indicio para plantear la *imposibilidad* de la moralización y realizar un estudio sobre el tema.[10]

Una aclaración más antes de seguir adelante. Este estudio no pretende probar con datos y argumentos que la mediación no funciona y que la moralización no es efectiva. Creemos que lo sustancioso de este problema no reside y acaba ahí, sino que desde allí se despliega. Este estudio toma estos enunciados como base, pero se interesa por dilucidar la compleja trama del proyecto moral de la mediación en Córdoba. Ahora bien, ¿cómo proceder en un estudio que se preocupe por llegar hasta el fondo de las complejidades de un programa político para generar moral? Necesitamos aclarar los términos en los que nos referiremos al Estado.

Pensar el Estado

Ante el panorama que hemos planteado surge la necesidad de definir al Estado. Comenzamos por dejar atrás la definición que destaca las dimensiones institucionales, legales y burocráticas, y proponemos pensarlo de una manera que resalte algunos aspectos no siempre tenidos en cuenta en la definición de Estado. Debido a la influencia de Weber sobre el estudio del Estado, una larga tradición en la sociología política ha priorizado su carácter institucional —el conjunto de instituciones—, así como sus funciones —la hechura de reglas y su recurso a la coerción—. De esta manera, el Estado aparecía como una entidad especial autónoma, racional y separada de la sociedad.

La consecuencia fue que varias corrientes aislaron al Estado como objeto analítico, mirando en su interior y estudiando minuciosamen-

10 Las dos dimensiones no deben confundirse, por el contrario, hasta podrían ser independientes. Podría darse el caso de que los programas de mediación operen exitosamente, pero aún no tendríamos resuelto el aspecto de la moralización. En nuestro caso ambas deben abordarse juntas como parte de un mismo problema, no obstante es necesario tener clara la diferencia porque la pregunta fundamental de este estudio se orienta a pensar el problema de la moralización.

te sus instituciones y organizaciones a fin de entender cómo consigue obediencia y conformidad por parte de la población (Migdal, 2001). El Estado concebido de esta manera, como una entidad —conjunto de instituciones y asociaciones— sustancialmente separada de la sociedad, generó un objeto de análisis elusivo, una reificación del objeto Estado (Abrams, 2006), que dificultó un estudio serio y vigoroso de un número de problemas acerca el poder político. Estos problemas merecen la pena ser estudiados, pero generalmente no se *visibilizan* por el modo en que las principales corrientes de la sociología política presentan el problema de la definición y el estudio del Estado. Aquí nos apoyamos en cambio en otra corriente, nutrida por varios autores, que se preocupa por señalar los problemas que esto ha generado y por insistir en la importancia de abandonar esa mirada estática y jerárquica del Estado. Geertz nos dice que:

> [...] hay que dejar de ver al Estado como la máquina del Leviatán, como una esfera que comanda y decide. Más bien hay que mirar alrededor del Estado, en el tipo de sociedades en que se inscribe. Menos Hobbes y más Maquiavelo, menos la imposición del monopolio de la soberanía y más el cultivo de oportunidades. Menos el ejercicio de la voluntad abstracta, y más la adaptación al contexto y el logro de ventajas visibles (Geertz, 2004: 580).

Esta referencia representa un cúmulo de pensamiento que deja de mirar al Estado como una entidad superior y ajena, cerrada y acabada, unitaria y exterior al orden social que está allí esperando que el analista se acerque con su conjunto de herramientas de análisis para investigarlo.

Esta manera de entender al Estado —como una entidad ni exterior a la sociedad, ni ajena, ni cerrada, etcétera— implica entenderlo como parte del orden social, inmerso en el conjunto de relaciones sociales. Los símbolos y metáforas del Estado y del ejercicio de poder se explotan y se entrelazan —de múltiples y diferentes formas— en la construcción de las *comunidades*.[11] Escalante aporta claridad a esta idea y sostie-

[11] La ampliación de la discusión del Estado hacia otros ámbitos es el quid de los estudios que ya no se interesan por el Estado en sí, sino por la *gubernamentalidad*, en un sentido amplio del Estado funcionando. Este es el aporte que Sharma y Gupta (2006) encuentran en la noción de gubernamentalidad de Foucault. Desde aquí es posible explicar la coordinación de las con-

ne que el Estado define el campo político, pero a la vez participa en ese campo político: el Estado define funciones, atribuciones, límites, pero después tiene que intervenir mediante individuos concretos, investidos como autoridades o funcionarios, en el campo social. En el momento de intervenir, los representantes están inmersos en un sistema de relaciones sociales que no controlan. Su autoridad, sus atribuciones y recursos pueden usarse hasta cierto punto, porque con frecuencia tienen que negociarse con actores sociales que controlan otros recursos simbólicos y materiales (Escalante, 2007). El reconocimiento de esta relación es fundamental, siguiendo a Dube:

> [es] una necesidad teórica y empírica aceptar la interacción y compenetración entre los símbolos del Estado y las formas que adoptan las sociedades de nuestros mundos de todos los días [porque] los Estados también *son* las formas en cómo los símbolos del Estado son refundidos y recreados imaginativamente por los pueblos y las comunidades, en su práctica plena de significados, construcciones de cartografías creativas que definen espacios en el tiempo y lugares en la historia (Dube, 2001: 116-117).

Reconocer esto implica ir más allá del marco del Estado-nación al cual el estudio del Estado había sido confinado, y atender en cambio las formas en que los estados se constituyen, cómo se piensan y representan a sí mismos, cómo se diferencian de otras formas institucionales, cuáles efectos tiene esta construcción sobre la operación de las políticas y la difusión del poder en la sociedad.

La definición de Estado que proponemos incluye dos dimensiones, una material y otra ideológica o simbólica. A la vez, estas dos dimensiones se convierten en poderosas categorías analíticas para abordar un problema particular del Estado. Por un lado, el Estado es un conjunto de prácticas y relaciones observables, que van desde los edificios públicos de agencias estatales hasta los formularios y sellos de los organismos públicos; desde los trámites y reglamentos escritos hasta personas concretas que vigilan, autorizan, solicitan, juzgan (Escalante, 2007). Pero el Estado

---

ductas hacia fines específicos, que tiene como objeto a los individuos y las poblaciones y que se combina con técnicas de disciplina y dominación de las tecnologías del autogobierno.

es también —y ésta es la segunda dimensión— la imagen de una entidad homogénea que le da unidad y coherencia a la variedad de prácticas estatales. Esta imagen o idea justifica y organiza las prácticas de manera que entendamos al Estado como un único actor, pensando y actuando de una sola manera el gobierno de un territorio definido. Las prácticas son partes o fragmentos que llegan a contradecirse y entrar en conflicto. La idea de Estado, en cambio, es lo que hace que podamos hablar de él en singular: "*el Estado argentino* tiene tal o cual problema". Ambas dimensiones van juntas y es necesario estudiarlas al mismo tiempo. Automáticamente y sin pensarlo juntamos ambas cosas: en cada una de las prácticas estatales vemos al Estado y así se construye nuestra noción de autoridad, poder, corrupción. En general, perdemos de vista lo que el Estado tiene de hecho social: contingente, situado. (Escalante, 2007). Esta manera de definirlo es trabajada por los autores de diferente manera. Mitchell, por ejemplo, define este proceso como el *efecto-Estado*: "son las prácticas las que en realidad producen el efecto de que el Estado parezca una entidad estructural sobre-impuesta sobre todas las demás prácticas sociales" (Mitchell, 2006: 180). Abrams en cambio habla del *sistema-Estado*, esto es: un nexo palpable de prácticas y estructuras institucionales centradas en el gobierno y de idea-Estado para referirse a la imagen de unidad.

> [...] Las respuestas no pueden ser encontradas tratando de separar las formas materiales del Estado de las formas ideológicas. O lo real de lo ilusorio. La idea del Estado y el sistema Estado son mejor entendidos como dos aspectos de un mismo proceso. El fenómeno que llamamos Estado, emerge de técnicas que permiten a las prácticas materiales cotidianas tomar la apariencia de una forma abstracta y no material. La tarea de una teoría del Estado no es clarificar la distinción sino profundizarla (Abrams, 2006: 170).[12]

Las prácticas de Estado aportan pistas importantes para entender la intencionalidad de la operación del poder. Pero también constituyen una

[12] Una de las consecuencias más importantes de este proceso es la ilusión de oposición entre Estado y sociedad, a partir de la cual se tiende a creer que ambos pueden ser pensados por separado; por ejemplo, pensar que un Estado es fuerte o débil más allá del orden social del cual forma parte.

puerta de acceso al modo en que los estados son producidos y reproducidos. "Las prácticas reproducen el Estado como una institución transversal al tiempo y el espacio y de esta manera permiten la continuidad de la institución estatal" (Sharma y Gupta, 2006: 13). Por otra parte, estudiar al Estado a partir de sus prácticas nos permite clarificar la fuente y naturaleza de los conflictos al interior del mismo, lo que, a la vez, puede ayudar a explicar los impedimentos para la puesta en marcha apropiada de muchos programas. Las prácticas dan cuenta de la naturaleza fragmentada, de la tensión y en ocasiones hasta de la incoherencia —enfrentadas a la idea de objetividad y neutralidad—. La imagen que los actores —estatales y no estatales— elaboran es un recurso fundamental para reconstruir el concepto de Estado. Al igual que con las prácticas, es a través de las formas de pensar el Estado que la autoridad estatal se recrea.

Este giro del tipo de énfasis puesto en el Estado resalta dos elementos. Por un lado, el análisis de los sujetos protagonistas de los procesos, capaces de entender el significado de los sucesos que están viviendo, con habilidades para reaccionar de manera ingeniosa, individual o puntualmente frente a las instituciones que sobre ellos intervienen (Bohoslavsky, 2005). Por otro lado, el ámbito de lo cotidiano como espacio de producción, negociación, transacción y contestación de significados dentro de redes y relaciones de mayor poder.

Desde las prácticas y su relación con la idea de Estado es posible ver cómo éste tiene una naturaleza no ubicua, ni unívoca, ni completamente coherente. Hay que reconocer "conceptualmente" que el Estado puede ser incoherente, descuidado e ineficaz, antes que una maquinaria que todo lo ve y todo lo sabe, y no sólo interpretar estos problemas como disfuncionalidades o anomalías de ciertos casos y productos históricos. Definitivamente, el Estado moderno tiene una naturaleza arbitraria, construida, fragmentada, cambiada. Y, en este sentido, es legítimo el llamado que se hace para girar la atención analítica y centrarla en el estudio de estados complejos y heterogéneos, de la diferencia, el conflicto, la contradicción (Goldstein, 2004). El dejar de lado el estudio del Estado como algo coherente y acabado —sin implicar esto su desdibujamiento y el desconocimiento de su poder— nos lleva a trabajar otro tipo de elementos.

La mayor virtud de la perspectiva que aquí estamos pretendiendo construir para enmarcar el estudio de la moralización de la mediación, podría convertirse en su mayor defecto. Es decir, dejar de considerar al Estado como una entidad homogénea y unívoca, y adoptar en cambio la otra perspectiva, no implica considerar al Estado como un instrumento neutral, disponible para quien quiera servirse de él.[13] Ni una cosa ni la otra. Como veremos con el análisis de la mediación, esta manera de concebir al Estado nos permite ver sus intersticios, y a través de ellos advertir cómo se constituyen espacios de articulación de actores —públicos y privados— desde donde emergen ideas de Estado, y en consecuencia de sociedad, que coexisten con otras y que despliegan esa supuesta homogeneidad.

En síntesis, el análisis del Estado que esta investigación quiere adoptar no asume simplemente que el Estado existe en la cúspide de la sociedad y que es el lugar central de poder. Por el contrario, el problema es resolver cómo el Estado asume ese papel vertical y pretende tener autoridad suprema para el control de todas las otras formas institucionales que toman relaciones sociales y para coordinar las conductas sociales e individuales a través de estas otras instituciones. Estos conceptos y herramientas como recursos de análisis nos ayudan a construir la noción de Estado que necesitamos para la explicación de la moralización de mediación. El proyecto moral de la mediación es un buen punto desde el cual repensar el concepto de Estado, ya que implica considerar seriamente las modalidades que éste asume en relación con diferentes actores. La moralización de la mediación nos pone frente a la pregunta por un modelo de Estado, en tanto es una clara muestra de cómo la relación público-privado imprime una huella en algunas formas estatales. El intento por esclarecer este modelo de Estado es una de las dimensiones fundamentales del tema que aquí nos ocupa.

[13] Esta manera de concebir al Estado nos acerca a una reflexión sobre la soberanía. Puede que no sea un Estado soberano (una única entidad compacta que representa una única población uniforme), pero la soberanía es importante para decidir quién y cómo puede sostener el poder del Estado. Aceptar que la soberanía, centrada y exclusiva, es difícil de localizar, como lo dice Geertz, es ignorar las referencias centralizadoras de la autoridad, por ejemplo de la organización militar y de la fuerza policial, de las cortes, las prisiones, los sistemas educativos. Por supuesto que todos ellos están siendo desafiados por otros actores que amenazan con competir y pasar sus límites. Ahora bien, ¿quién le diría a una persona en la cárcel que su encarcelación y su estatus de criminal es difícil de localizar? (Geertz, 2004).

Estructura y contenido de la moral de la mediación

¿En qué consiste la moral que se propone junto con la mediación? Para responder a esta pregunta reconstruimos y analizamos aquí el contenido de la moralización, el núcleo de la moral que la mediación despliega. Sostendremos que el código moral se organiza en cinco dimensiones que dan forma a una compleja trama que define de manera bastante específica el fundamento de esta política y permite esclarecer la ideología de la mediación. Es posible identificar el contenido moral de la mediación desde las voces de tres tipos de actores: mediadores, legisladores y funcionarios responsables del programa.

La primera dimensión que identificamos es el *problema que es necesario erradicar*. La intención de modificar un estado de situación supone advertir sobre un problema, en este caso asociado a una imagen respecto de cómo es la sociedad, los sujetos y especialmente al papel del conflicto en ella. Segundo, un *sujeto* alrededor del cual gire la tarea misma de *llevar* la moralización a la sociedad, es decir el mediador. Tercero, el *contenido mismo del código*: la responsabilidad y la autodeterminación son los valores que definen el nuevo paradigma que la mediación quiere imponer. Cuarto, en esta tarea de modificar un estado de situación es fundamental la identificación de un *oponente* que se constituya como el referente del discurso negativo. Veremos que ese referente es la justicia y su modo de fomentar en las personas una actitud de irresponsabilidad en relación con los conflictos. Por último, ante el problema y el enemigo, el quinto componente del código moral: la mediación es el *remedio* para revertir este estado problemático.

Cuadro 2
La estructura de la moral

Dimensión moral	*Rasgo definitorio*
Definición del problema social	Conflicto y alta litigiosidad
Sujeto moralizador	Vocación/técnica
Contenido	Responsabilidad/autodeterminación
Referente negativo	Justicia
Medio de salvación	Comunicación, sentimientos, vida cotidiana

Fuente: Elaboración propia.

El diagnóstico sobre el problema

Como mencionamos anteriormente, cuando desde el Estado se diseña un cambio social al mismo tiempo se está definiendo un problema o la valoración de un estado de situación para modificar. En el discurso de la mediación encontramos un repertorio de presuntos problemas de diversa índole, cuya magnitud y naturaleza crean un escenario ante el cual la mediación emerge como la respuesta más apropiada. De esta manera, el *problema* que construye y sustenta el surgimiento de la mediación en Córdoba es el problema del conflicto, el litigio, su papel en la sociedad y la forma en que las personas tratan con ellos.

En dos oportunidades nos hemos referido previamente a este tema para entender el surgimiento de la mediación en Córdoba y aquí retomamos parte de los aspectos que allí señalamos.[1] Pero la particularidad del análisis que continúa es que se basa, a diferencia de los señalamientos anteriores, en los discursos mismos de los actores de la mediación cordobesa, por lo tanto, vemos cómo los elementos utilizados en otros ámbitos para defender la mediación se transforman, adaptan y funcionan en nuestro caso de una manera particular.

1 En la introducción, cuando señalamos los argumentos generales asociados al surgimiento de la mediación en general, y en el capítulo uno cuando nos preguntamos por cuáles podrían ser los motivos por los que el Estado decide intervenir de esta manera.

Identificar el diagnóstico que el discurso de la mediación realiza acerca de los problemas de la sociedad es importante, pues es la respuesta que la mediación da a la pregunta de por qué se activa la maquinaria política en determinados sentidos; reparar en los problemas que la mediación ve en la sociedad es la forma en que la misma mediación explica por qué ingresa al debate público la forma de resolver los conflictos. No obstante, estas respuestas no alcanzan para entender en profundidad por qué surge la mediación, los intereses de quién satisface, a quién y por qué le interesa modificar la moral de la personas. Reiteramos, estas respuestas creemos encontrarlas en una nueva modalidad que adquiere el Estado en la actualidad. Pretendemos llegar a ese punto a lo largo del análisis.

La definición de un mosaico de problemas de la sociedad ayuda, por un lado, a legitimar la nueva institución y, por otro, a justificar muchas de sus inconsistencias. La moralización tiene la intención de cambiar un estado de situación. Luego, es importante identificar un *estado de cosas problemático* para resaltar lo que se desea modificar. La tematización discursiva de los problemas de la sociedad —al ser valorados de manera negativa— describe cómo somos y aporta indicios sobre lo que se quiere cambiar. E indirectamente nos revela cómo deberíamos ser (contenido de la mediación) y con qué medio lo lograríamos (mediación).

El problema institucional. Justicia: crisis y necesidad de cambio

Como vimos al inicio, la crisis del sistema judicial es una cuestión comúnmente asociada al desarrollo de la mediación en los ámbitos en donde se discuten las ventajas de esta herramienta para la resolución de conflictos. No obstante, en el caso de Córdoba para los actores que la promueven, la importancia de la crisis judicial —así como la fuerza y carácter de su definición— lleva a que este problema sólo sea un elemento que compone el escenario y prepara el terreno para el proyecto moral, pero no interviene directamente. Para el caso de Córdoba esta asociación no debe ser descartada, sin embargo debe ser matizada y considerada con reparos. El contenido moral del programa cordobés hace que sea necesario definir un problema moral en la sociedad —el alto nivel de litigiosidad— y no uno meramente institucional —la crisis del sistema de justicia—, para dar curso a la mediación. La moralización necesita justificarse mediante un problema moral. No podemos descartar por completo el papel de la crisis en el sistema judicial en un momento inicial —porque constituye el marco que habilita a que algunos actores dispongan recursos estatales para implementar su visión de la sociedad—, pero sólo en ese momento y en ese sentido. Luego su importancia como problema que moviliza la introducción de cambios pierde fuerza.[2]

La crisis de tal sistema no deriva —necesaria y automáticamente— en un proyecto moral. Al menos no todas las reformas para solucionar el problema de la justicia que se hicieron en este sentido se desarrollaron por esos carriles, aun en Argentina. La crisis de la justicia es importante para nuestro proyecto de moralización, mas sólo porque instala por primera vez el tema y genera la posibilidad de institucionalizarlo. Allí, en ese intermedio, sucede algo que le aporta a la mediación ese tono particular, por eso no se agota en esta crisis la explicación del surgimiento de *la* mediación de la que estamos hablando, de la mediación que quiere moralizar. Este es un aspecto muy importante para considerar, porque aunque la crisis de la justicia cordobesa no haya generado por sí sola y haya instalado *por defecto* una solución moral a la sociedad, sí abrió el espacio para que eso se desarrollase. Esta crisis en Córdoba creó la coyuntura para que un grupo de actores desde y en el nombre del Estado promoviera una forma de resolver los conflictos defendiendo una visión del mundo y de la sociedad. El proyecto de mediación no se limitó a pretender resolver el problema de la justicia, sino que cambió el tópico: lo importante no era mejorar la institución judicial sino crear un clima mo-

---

2 Probablemente la crisis institucional de la justicia lleve a otras soluciones distintas, de largo plazo, que impliquen tal vez el cuestionamiento de factores políticos, técnicos y estructurales que actualmente inhiben el funcionamiento efectivo del Poder Judicial. En el origen de la ineficacia de la justicia aparecen otros factores asociados al poder político y a otros problemas: no cobertura de vacantes de jueces, disminución del presupuesto del Poder Judicial, improvisación, códigos procesales imposibles de ser aplicados por su incongruencia con la realidad, etcétera. Desde esta perspectiva, la mediación no podría resolver el problema de la justicia; por otra parte, si pensamos que la mediación se ocupa de cuestiones civiles o comerciales, no penales, es más difícil aún pensar que ella resuelva la crisis. Pero no se trata de desarrollar aquí nuestra opinión respecto a si la mediación podría o no resolver el problema de la justicia. Lo que interesa en este punto es entender el papel que esta explicación juega en la mediación en Córdoba.

ral particular. Así, la mediación constituye un espacio para que un grupo de actores, utilizando el ámbito y los recursos del Estado, desarrolle una visión del mundo que exponemos en estas páginas.

El problema moral: el conflicto y la litigiosidad

El segundo nudo de problemas que vamos a describir es el que construye las posibilidades para el desarrollo de la moralización de la mediación. Es en este conjunto de problemas desde donde comienza a orientarse el tipo de respuestas que la moralización viene a ofrecer. La construcción de este problema se elabora dentro del discurso mismo de la mediación, por eso corresponde al nivel y punto de vista de los propios actores implicados en la mediación. Como dijimos antes, el tipo de problema orienta el tipo de solución, es la construcción de un problema moral de la sociedad la que amerita una intervención moral. Ahora bien, ¿de qué trata este supuesto problema moral de la sociedad que necesita ser intervenido *moralmente*? Se trata de un diagnóstico acerca del conflicto en la sociedad: 1) sobre cómo las personas tratan con él y 2) sobre un aumento de la conflictividad propio de los últimos tiempos. ¿Cuál es el problema para que sea necesaria una nueva manera de tratar con los conflictos?; ¿cómo somos según el discurso de la mediación?; ¿qué es lo que marcha mal y deberíamos cambiar?

1) *Sobre el tratamiento del conflicto.* Según la mediación, el conflicto no es algo perjudicial en sí mismo, sino que lo nocivo es la interpretación que circula sobre él, la cual lleva a una visión maniquea del bien y del mal en la que *lo bueno* es la eliminación radical del conflicto —como si fuera *el mal*— porque se tiende a creer que el conflicto impide a los hombres y sociedades vivir en concordia (Boqué Torremorel, 2003). Es decir, la mediación no pretende erradicar el conflicto como si fuera una calamidad, sino que identifica el problema en otro lado y define el papel del conflicto como algo más amplio que aquello que hay que resolver en una mesa de mediación. La mediación intenta ver el conflicto como una forma de gestión de la vida social y por lo tanto como susceptible de generar una transformación en la sociedad. No obstante, nos advierte que sólo será positivo siempre y cuando sea *gestionado* de cierta forma, de la forma que la mediación quiere implantar.

El modo en que las personas viven efectivamente el conflicto manifiesta un tipo de consecuencias que la mediación identifica como negativas. Y por eso cree que esto es parte del problema que hay que cambiar. De esta forma, el problema pareciera no ser el conflicto en sí, sino la manera en que las personas están acostumbradas a tratar con él y a enfrentarlo. Dos rasgos ubican al conflicto como parte del problema moral de la sociedad: uno relativo a una característica que la mediación le atribuye al conflicto, y otro relativo a la actitud que las personas adoptan frente a él. Uno de los rasgos con que la mediación define al conflicto es que *si no se lo "atiende", escala*. Aseguran que es posible conocer aproximadamente dónde empieza un conflicto, pero no es posible determinar con exactitud sus posibles repercusiones. Un conflicto no atendido trasciende, por un lado, de un ámbito individual a uno interpersonal y, por otro, escala porque *algo sucede* en el mismo plano de la subjetividad; se incrementa junto con la desilusión, la desesperanza, la frustración, la angustia.[3] Los problemas de una persona son problemas de varias personas y los mediadores expresan que la gente sola y por sí misma no puede romper esta problemática. Por lo tanto, creen necesaria una intervención que disgregue ese círculo de escalada: la intervención de un tercero neutral, llamado mediador. Y aunque esta tercera persona, se supone, sólo apoye a las personas a que ellas encuentren la respuesta o el modo de solución, en el discurso de la mediación no es posible que esta solución aparezca antes de que un mediador intervenga.[4]

Por otro lado, los conflictos *persisten porque las personas no tienen iniciativa de solución*. La mediación también tiene un juicio sobre lo que la gente *hace con* los conflictos, y esta idea es otro componente del gran problema moral que identifica en la sociedad: las personas tienden a negar los conflictos, a invisibilizarlos, pero esto no los hace desaparecer. A los conflictos las personas *los dejan allí* y los mediadores creen que esto suce-

3 El ámbito vecinal es, para los mediadores, el caso más transparente a estas características de expansión del conflicto, y se señalan los ejemplos más coloquiales: el ruido de un perro que ladra, las raíces del árbol que rompen una vereda, la humedad en la medianera. Si no se canaliza "adecuadamente" un conflicto una persona sufre las consecuencias en todos los roles de su persona: como padre, hermano, hijo, trabajador, vecino.

4 Se entiende la intervención de una tercera parte neutral, y esto queda más o menos explicado. Pero lo que no se explica es por qué esa intervención tiene que ser extraordinaria (un programa estatal puesto en marcha). Si lo que importa es la intervención de un tercero, podría ser cualquiera que las partes legitimen como tal. Este punto es mencionado sólo al pasar por un mediador.

de por un doble motivo: uno, porque son escépticas respecto a las posibilidades de solución —especialmente respecto a lo que pueda ofrecer el sistema judicial—; para los mediadores, "está instalado en el imaginario social que hacer un juicio es algo muy engorroso" (entrevista, mediador abogado). Además, el segundo motivo del escepticismo sobre la posibilidad de solución se funda en una percepción que los mediadores tienen sobre las personas: éstas *prefieren* quedarse con *un* problema antes que tener *más de un* problema, aunque sea paradójico. Es decir, asumen que para la mayoría resolver un problema es involucrarse en otros, por eso mantenerlo sería un mal menor. Pero aseguran que ese mal menor dejaría una insatisfacción que se manifiesta en distintos ámbitos y crece.

El discurso de la mediación también resalta que la sensación de impotencia que siente una persona al no solucionar un conflicto, la lleva a tomar decisiones inadecuadas y a crear un sin fin de situaciones producto de no poder dar solución a un conflicto, que a la vez tiene consecuencias no beneficiosas no sólo para la propia persona sino para la comunidad. Las personas no resuelven. La sensación que deja el no haber hecho nada por resolver un conflicto es tanto o más insatisfactoria que el conflicto mismo, el conflicto de no resolver el conflicto. Para la mediación la sociedad tiene un problema y es justamente que no resuelve sus problemas, y cuando sí lo realiza no lo hace del mejor modo: deposita sus problemas en otro, porque lo primero que hace es consultar con un abogado. Así, la mediación entiende que nuestra sociedad no asume la responsabilidad de sus conflictos.

La tematización del conflicto en el discurso de la mediación se realiza a partir de sus consecuencias individuales y sociales, y así queda construido como un problema moral antes que político o institucional. La mediación no se preocupa por las bases o las raíces del conflicto, sino sólo por cómo el conflicto —la manera en que la gente lo enfrenta— degenera en una sociedad. Como dijimos antes, la definición del problema es parte de la definición de la solución, o viceversa. Por eso un punto fundamental es la tendencia que vemos en la mediación a minimizar el conflicto y maximizar el orden a través de la administración del mismo. Esta parece ser la estrategia de la mediación; ella necesita dejar muy claro el significado moral del problema que sufre la sociedad, luego la solución ya tiene gran parte del camino justificado, al menos desde el plano retórico de la política pública.

2) *Conflictividad y violencia*. Otro de los grandes componentes de la definición del problema de la sociedad —para luego intervenir con un proyecto de moralización— es la imagen respecto a lo violenta que es la sociedad y del litigio como canal de esa violencia. Así es la sociedad para la mediación.

> Si vos me decís cualquier cosa, un insulto, una agresión, o si me ofendes moralmente, te amenazo con mandarte mi abogado. Es como el castigo, el litigio se ha convertido, más que en una resolución de conflicto, en el castigo hacia el otro que me ofendió o me molestó" (entrevista, mediador abogado).

Sosteniendo esta imagen de la violencia se halla una imagen de un sujeto no pacífico, que siempre quiere ganar lo que pretende, aun a costa de los demás. Y la forma para ganar lo que pretende es litigando, porque —argumentan— estamos formados en una cultura del conflicto y del litigio. La mediación se propone cambiar esto introduciendo la fórmula ganar-ganar (y no perder-ganar). Los actores de la mediación ven que es muy difícil que alguien quiera pacíficamente resolver sus conflictos, porque aún estamos inmaduros para eso. Pero suponen también que esta situación es reversible. Por eso creen que brindando espacios positivos, alternativos y situaciones creativas la gente entonces querrá soluciones buenas. Y aunque en realidad la sociedad sea agresiva y violenta, también es vulnerable a los cambios que la mediación se propone.

A pesar de lo conflictiva que pueda ser la sociedad, necesitan redimirla de esta característica y para eso encuentran una explicación a esta característica. Argumentan que la gente "no es mala porque sí, sino que necesita hablar y que la escuchen; necesita ayuda y acompañamiento en sus problemas" (entrevista, mediador abogado). Si la descripción de la sociedad sólo se quedara en sus aspectos más duros, es decir, si esto no fuera reversible y las personas no fueran dóciles y frágiles, no tendría ningún sentido formular un proyecto de cambio en la sociedad. La mediación cree que nuestra sociedad es violenta y litigiosa, y justamente por eso necesita una intervención moral; pero es al mismo tiempo necesario que describan a la sociedad como maleable y susceptible al cambio, si no, la mediación no podría tener ningún efecto.

Ahora bien, dejando de lado lo que encontramos en el discurso de la mediación en Córdoba y pensando esto mismo desde otro plano, desde una perspectiva de discusión, nos preguntamos por las implicaciones de entender de esta manera el conflicto en la sociedad. El discurso del conflicto, la violencia y la litigiosidad que la mediación propone marca una problemática relación de causalidad entre conflicto, mediación y acuerdo. La creencia de que la mediación es un medio apropiado para bajar los índices de litigiosidad que *aquejan* a la sociedad, tal vez podría sostenerse sólo si aceptáramos que litigiosidad es un número que indica casos ingresados a tribunales. Pero aun simplificando un proceso social como la litigiosidad a un simple número, todavía quedan algunos problemas: la mediación no asegura por sí misma un acuerdo, y mucho menos que un acuerdo implique la *solución* de un problema.

Por otra parte, el entusiasmo en la incorporación de mecanismos alternativos de resolución de disputas propuesto para crear un sistema capaz de ocuparse de las grandes cantidades de nuevos litigios, de la inflación de la litigiosidad, tiene un lado opaco. Los mediadores hablan del gran problema de la litigiosidad, pero en ningún momento sus aseveraciones se respaldan con datos acerca del crecimiento de las cifras de causas en los juzgados. Más bien se refieren a la litigiosidad no como el aumento real de los conflictos que se judicializan, sino de una manera general, como lo dijimos al principio. Litigiosidad y conflictividad social son sinónimos de todo lo malo que puede amenazar la convivencia de una sociedad y sus miembros, y al parecer —pero no queda claro— se trataría de una consecuencia de sucesivas y diversas crisis: económicas, políticas, de valores. En ningún momento se explica cómo y por qué. Respecto a esta cuestión Nader la califica como uno de los grandes mitos de la mediación. Reconociendo que gran parte del fundamento de la mediación se basa en el aumento de la litigiosidad en la sociedad, la autora sostiene que esto es completamente falso. El postulado que indica que ha habido una explosión del litigio y el nivel de conflicto es una construcción ideológica que no tiene sustento empírico. La litigiosidad tiene una exclusiva presencia simbólica (Nader, 2002). Su posición es contundente:

> [...] el argumento sobre la explosión de la litigiosidad es promovido por un grupo de personas que estaban más preocupadas por *quiénes*

> eran los litigantes que sobre el monto del litigio mismo, por eso es una construcción ideológica. La mediación como modelo de pacificación es un intento de parte de poderosos intereses en el derecho y la economía para frenar los litigios de las masas, disfrazado por una retórica de la explosión de la litigiosidad (Nader, 2002: 144).

Todas estas manifestaciones constituyen un corpus discursivo, compuesto por representaciones acerca de la sociedad, el conflicto y la mediación.[5] La mediación construye en un plano discursivo, práctico y representacional un problema moral en la sociedad. Y de esta manera se prepara a sí misma el camino para la intervención moral. Si la crisis de la justicia no amerita una respuesta moral, el problema del conflicto y la litigiosidad sí lo hacen.

La constitución de un sujeto moralizador

Cada Estado es profundamente diferente en términos de los significados que los sujetos construyen en torno a él. La de las significaciones es una arena fundamental en donde se juega la definición de Estado, sus límites, sus funciones, su manera de hacerse presente en la vida de las personas. Esta esfera se redefine con prácticas cotidianas y ambas dimensiones definen, a su vez, al Estado. Esta sección desarrolla cómo los mediadores, en tanto actores fundamentales del proyecto moralizador, se erigen como los sujetos portadores de la ideología de la mediación.

Los mediadores son los agentes centrales en los que se concentra la tarea de llevar adelante los objetivos de la mediación. Ésta necesita constituir un sujeto moralizador y ese es el mediador. En el núcleo de la moralización aparece el carácter vocacional de la figura del mediador. Al mismo tiempo emerge también un aspecto técnico y profesional como la otra cara que define a este sujeto: la moralización es vocación, pero al

5 Podría sostenerse que el argumento de la mediación es circular y contradictorio: porque hay demasiada litigiosidad, es necesario intervenir con la mediación, pero justamente por cómo es la sociedad en su manejo del conflicto, las personas no van a utilizar estos métodos "constructivos" y de diálogo, sino otros más contenciosos.

mismo tiempo es técnica. Ambos rasgos se conjugan y dan forma a uno de los pilares que sostienen la mediación, los mediadores.

El perfil del sujeto moralizador

En Córdoba la mediación no se concibe sin los mediadores.[6] Es a partir de ellos que la mediación construye su *agente moralizador*. Uno de los primeros componentes del perfil "exigido" al mediador es una serie de rasgos de la personalidad que establecen una división inicial entre quiénes podrían llegar a estar incluidos en la categoría "mediadores" y quiénes no. De un mediador se espera —más bien, al mediador se le exige que posea— competencias actitudinales fundadas en la honestidad, ética, integridad, responsabilidad e independencia. Otro componente del perfil es el que se refiere a aquellos aspectos relativos al carácter o temperamento. Así, se espera —de manera un poco general y ambigua— que no sea una persona agresiva y que tenga amplitud de criterios —"mente abierta"— para entender diferentes perspectivas.

En algún momento se discutió para el caso de la mediación comunitaria que los mismos vecinos debían ser quienes llevaran adelante las disputas entre otros vecinos. Pero claro que no podría ser cualquier vecino, sino tendría que ser uno que tuviera motivaciones y una efectiva participación en hechos de trascendencia comunitaria (Barbosa y Magris, 1999). Los posibles reclutados para ser mediadores tienen que tener una actitud de servicio en favor de los demás, un compromiso vocacional hacia la problemática comunitaria. Estos son los elementos que marcan un primer gran sesgo o corte para *convertirse o no en mediador*, ya que enseguida incluye a algunos y deja afuera a otros de esa posibilidad.

El perfil que la mediación busca para los mediadores no pretende lograrlo ni con la profesión de base que exige como requisito, ni con capacitación y formación; esto último sólo aportaría los elementos de

6 Luego de la reglamentación de la ley no es lo mismo la mediación sin mediadores. En teoría, nadie que se jacte de ser mediador podrá serlo o ejercer la mediación sin haber realizado los cursos de formación, es decir, sin cumplir con las reglamentaciones dispuestas por la ley. Por eso, en el contexto que estamos analizando, los mediadores son el centro porque sin ellos nada de lo reglamentado podría ejecutarse.

carácter técnico, no así los actitudinales. Aunque el discurso de la mediación cordobesa hace énfasis en que el sistema de incompatibilidades para el perfil del mediador debe ser claro y rígido, nunca logra especificar cómo podrían controlarse estos aspectos porque no se trata de parámetros ni cuantificables ni fácilmente detectables, ni medibles, ni transparentes a las personas. Éste es un problema que preocupa a los operadores del programa y especialmente a los formadores, quienes reconocen que el perfil no es fácil de detectar y evaluar, mucho menos de adquirir. Esta dificultad de dar con el perfil indicado de persona queda confiada al *buen ojo* del equipo de formadores-evaluadores. Para disminuir la preocupación por la posibilidad de equivocación, depositan la seguridad de la decisión en otro aspecto: la certeza de que quien se acerca a hacer un curso de mediación,

> es una persona que previamente tiene algo, tiene capacidad para algo especial; no porque sí una persona va a venir a hacer un curso de mediador. Más bien existe algo que lo ha llamado a hacerlo, hay características, hay actitudes que hacen que esa persona se forme como mediador. Esas características son los valores como persona (entrevista, mediador no abogado).

De esta manera, la preocupación por la correcta identificación del perfil se transforma en el discurso y argumento que indica que es muy difícil equivocarse en la selección de un mediador. Hasta aquí, en la construcción del perfil del sujeto moralizador, el carácter técnico y experto del asunto queda supeditado al moral.

Autoadjudicación de un rol social

Junto a lo que la mediación cordobesa como institución (es decir, todos sus actores, leyes, reglamentos, prácticas) espera de los mediadores, éstos por su parte también entienden y describen su lugar en la institución. Los detalles acerca de su papel como parte de un proyecto más amplio, su lugar en el mismo, la manera en que se autonominan, son rasgos que juegan un papel fundamental en la presentación de estos actores en el interior del Estado así como en la jerarquía institucional.

Sharma y Gupta (2006) explican que la circulación y diseminación pública de estas imágenes del Estado, de los actores y sus acciones permite a las personas en diferentes niveles de la burocracia —así como a aquellos que están fuera de las instituciones— imaginar lo que el Estado es, lo que propone hacer, dónde están sus límites y cuál es su lugar en la relación de las instituciones estatales. A través de imágenes específicas y localizadas, así como de experiencias personales, el Estado es imaginado discursivamente como algo más grande que sus manifestaciones locales. Como sostienen estos autores, las técnicas representacionales estatales ayudan a suturar los diferentes niveles de burocracia dentro de un todo aparentemente organizado y coherente, y definen la relación de los funcionarios con el sistema más amplio.

Aunque muchos mediadores planteen la necesidad de darle a la actividad de mediador un carácter profesional que les permita hacer de ella el medio de vida de quienes la ejercen, como sucede con cualquier otra profesión, persiste una idea de excepcionalidad de la actividad.

> Es muy común escuchar a muchos de los que se acercan al campo de la mediación decir: *¡yo hago lo mismo en mi estudio!*[7] *¡Lo he venido haciendo toda mi vida!* Pero lo cierto es que, sólo aquellos que pudieron ponerse en la piel de un mediador intentando utilizar las técnicas de resolución conjunta de problemas frente a las partes, sabemos de las enormes diferencias que hay entre el ejercicio de este rol y cualquier otro (Barmat y Rivero, 2001: 13).

La cita —que corresponde a mediadores cordobeses— es un poco exagerada tal vez, pero refleja gran parte del significado que se autoatribuyen los mediadores.

Dos características definen lo paradigmático de esta imagen de los mediadores: una idea del cambio social y una del compromiso. En primer lugar, el mediador se reconoce a sí mismo como una persona que no sólo cree en la posibilidad de la transformación social y tiene *fe* en ella, sino que él mismo posee la vocación necesaria para sumarse como parte activa en ese proceso de cambio defendido.

---

7 Estudio o bufete de abogados.

El mediador operaría como el canal comunicador porque reestablece el diálogo entre las partes y las orienta para que encuentren una solución consensuada. El mediador está convencido de que él tiene algo que los otros no tienen: es la capacidad de comunicación que las partes han perdido, y por eso tiene que enseñarles nuevamente el camino (entrevistas).

Además de la vocación, un mediador tiene las herramientas para lograr el cambio, sólo tiene que saber usarlas y algo más: darle esas herramientas a las personas. De esta manera, es "*el que empieza a sembrar*" (entrevista, mediador no abogado).

Habrá una ineludible relación entre la mediación y su éxito si es realizada por un profesional que confíe en el sistema, sea honesto con sí mismo, humilde y equilibrado, perceptivo y que sepa escuchar, mantenga en todo momento la calma, imparcial y que no pierda la objetividad, esté adecuadamente capacitado y entrenado, tenga experiencia de vida, genere credibilidad y empatía (Barbosa y Magris, 1996: 28).

Así, el mediador es definido como la columna vertebral del sistema, el gran protagonista del método y de él dependerá el mayor o menor éxito de esta nueva visión de la resolución del conflicto.[8]

La vocación como elemento fundamental del mediador se expresa en un recuento de algunas motivaciones, repetidas incansablemente en las voces de los mediadores. La necesidad de hacer algo por los demás y la creencia en la posibilidad del cambio, de que la sociedad sea mejor:

creemos mucho en poder encontrar algo mejor, queremos un país mejor para nuestros hijos y para los valientes que vienen acá a pelearla. Queremos ofrecer el contexto para que todo sea mejor, y por eso a mí me encanta, por esa responsabilidad. Uno tiene la herramienta, hay que saber usarla (entrevista, mediador no abogado)

---

8 Luego, el protagonismo atribuido aquí a la figura del mediador será atenuado cuando la discusión gire sobre las características del proceso de la mediación en sí: en ese momento el discurso de los mediadores cede la primacía a las partes.

> Nos mantenemos en esto porque creemos, porque le apostamos a que esto cambie en un futuro, es una inversión hacia el futuro y de alguna manera queremos brindar algo a alguien. Creo que por eso estamos aquí, y hay mucha gente que piensa así, aunque no les reditúe como profesión (entrevista, mediador abogado).

En el rol social que se atribuyen los mediadores encontramos aspectos en común con la descripción del poder pastoral realizada por Foucault, que se define por la benevolencia, pues no tiene otra razón de ser que hacer el bien, y lo esencial del objetivo es la salvación del grupo. Este rol se manifiesta en un deber, una misión, en donde la forma adoptada por el guía no es la manifestación de superioridad y poderío sino su dedicación, su aplicación indefinida. "El pastor es el que 'vela' en el sentido de vigilancia del mal que puede hacerse y de las desventuras que pueden sobrevenir" (Foucault, 2004: 156). Además de este compromiso de velar por el *rebaño*, es el desarrollo personal a través del aprendizaje que deja la mediación y las habilidades de comunicación para todos los ámbitos de la vida el otro gran pilar en el que los mediadores ponen el énfasis para continuar a pesar de la adversidad. Así, el mediador no sólo concientiza, forma y capacita a terceros sino que constantemente lo hace consigo mismo, la mediación les ha cambiado la manera de mirar y actuar la vida.

La comunidad de mediadores de Córdoba tienen un sentido de misión compartida fundada en la vocación de cambio social y en la interpretación del conflicto como una arena de la cual es posible aprender y obtener cosas buenas. Sin embargo, vale la pena reparar en las reflexiones de Du Bow y Mc Ewen (1993), en una interpretación similar que ellos realizan sobre la experiencia de justicia comunitaria en San Francisco, Estados Unidos. Explican que los mediadores voluntarios, desde que se involucran en los programas de mediación, refuerzan aparentemente un sentido de responsabilidad así como de habilidades para la comunicación que ya traen previamente. A partir de ese hecho los autores se preguntan, y no es fácil de responder, hasta qué punto el impacto del programa de mediación se extiende más allá de las subjetividades de sus operadores. Las "evidencias" de transformación de las actitudes públicas y el comportamiento en general atribuible al accionar de la mediación en las áreas en donde los programas operan, no están garantizadas más allá de los esfuerzos de los mediadores.

Siembra, conversión, camino, fe, son los términos con los que los mediadores dan forma a su rol social. Pareciera que la del mediador no es una profesión, ni siquiera una función social. Estos conceptos no abarcarían el plus o aura que rodea y define al mismo tiempo esta actividad; la dejarían sin el halo que la acerca a la idea de una misión cargada de un significado casi mesiánico, antes que una simple ocupación. El movimiento crea una comunidad especializada de proveedores de mediación con su propio lenguaje, cultura y forma de organización. Son los mediadores y el conjunto de individuos que trabajan en la mediación quienes forman la nueva comunidad creada en la ideología de la mediación, no los vecinos a los que esos centros sirven. Esto es lo que comenta Yngvenson (1993) respecto a un caso en San Francisco, Estados Unidos: el programa en efecto ha creado una comunidad interna, pero la de aquellos que participan en los programas como voluntarios. Ellos, no la gente con problemas, son los que se llaman miembros de la comunidad. Los voluntarios son los que participan en las actividades de adquisición de habilidad para la resolución de conflictos. Se puede decir que la comunidad creada por la justicia comunitaria de San Francisco es la de los voluntarios y no la de la gente que vive en los vecindarios. Los programas proveen un lenguaje y una cultura, una misión, un estilo de vida a los que se incorporan para trabajar en ella. Y esto es justamente lo que vuelve atractiva la actividad para muchos mediadores.

Los mediadores son los actores sociales que asumen la responsabilidad de poner en marcha este gran proyecto moralizador del Estado cordobés. En otro momento veremos que existe una distribución de la carga de llevar adelante con éxito este proyecto.[9] Veremos que la distribución de las responsabilidades entre muchos sectores de la sociedad —y ya no sólo en el interior del grupo de mediadores— funciona como un recurso para justificar y explicar a sí mismos y a terceros los puntos débiles del programa. Pero aquí, cuando hablamos del rol social que se adjudican, son los mediadores —entendidos a sí mismos como parte del Estado más allá de si trabajan en centros privados— los que asumen la responsabilidad del desarrollo entero de la mediación. El recurso de asumir como propia y casi exclusiva esta responsabilidad, intenta dar cuenta de los objetivos y

---

9 Véase capítulo tres.

cambios concretos que la mediación pretende conseguir en las personas y su cultura. Por eso este recurso se desarrolla íntimamente ligado a las individualidades de los mediadores, a sus subjetividades. En el sujeto de la moralización que construye la mediación, las facultades vocacionales que los sujetos mediadores tienen en virtud de su cargo o *profesión* no están separadas, sino conectadas con las cualidades de las personas.

Estudiar lo que los actores estatales, en este caso los mediadores, piensan sobre sí mismos revela una manera en que el Estado se hace real en la vida de las personas. A través de prácticas de autorrepresentación, estos sujetos se presentan como agentes del Estado con un estatus especial definido por la virtud de su asociación con él mismo y como representantes de una institución particular con una posición dentro de ella (Sharma y Gupta, 2006). Así, toma forma una jerarquía social que se moviliza en las prácticas cotidianas del Estado y que lo trasciende hacia otro tipo de jerarquías sociales.

Ambivalencia entre lo técnico y lo moral/vocacional

El componente vocacional es contundente e importante en el momento de definir el papel social del mediador, pero no es el único. El aspecto vocacional tiene un contraste fuerte en las mismas alocuciones de los mediadores. En el discurso van a apareciendo contrapuntos que aunque no le quitan fuerza al argumento vocacional lo reconfiguran con la introducción de otras dimensiones. La primera de ellas es la que se refiere a la retribución económica por la tarea desarrollada. La importancia de la vocación inclina la actividad del mediador hacia el voluntariado, y así es ocasionalmente definida la profesión. Pero ésta es una situación de la que los mismos mediadores reniegan: las condiciones de remuneración y honorarios que establece la ley hacen que sea imposible que un mediador viva —económicamente— de la mediación. La vocación no suplanta ni elimina la expectativa por la remuneración. En todo caso, es una vocación remunerada. Ningún mediador está dispuesto a vivir de esa forma de su vocación sólo "idealmente". Parafraseando a Weber (1984), todos quieren vivir materialmente de esta vocación.

El plan original de la ley de mediación explica que la retribución del mediador se orienta hacia el logro de satisfacciones gratificantes en materia de consideración y respeto antes que a la obtención de remuneración económica. A pesar de defender el aspecto vocacional, los mediadores no están conformes con esta única gratificación y manifiestan constantemente la necesidad de asegurar legalmente la mejora de las condiciones que establecen los honorarios que ellos perciben. Se trata de un problema manifiesto en el ambiente, pero el argumento de la no conformidad con las situaciones de remuneración tiene implícita una justificación y es ahí donde emerge nuevamente el aspecto vocacional. Se recurre a la vocación como autojustificación de su permanencia en el sistema. Los mediadores se sienten compelidos a encontrar una explicación que no los haga desistir ante tan adverso contexto de gratificación económica. La vocación es lo que emerge justo en ese momento.

La otra dimensión que reconfigura la vocación es casi un elemento opuesto. En el otro extremo del énfasis en el aspecto vocacional del mediador se encuentra un aspecto técnico. Frente al compromiso con el cambio social, aparece también el profesionalismo. La ambivalencia entre dos argumentos de explicación de la mediación es constante y atraviesa de manera especial la discusión sobre la figura del mediador.

La mediación no abandona su misión de cambio social, pero el discurso desarrolla también un aspecto técnico especializado que esta institución requiere. De hecho, es una técnica y como tal pone además el acento en la formación y capacitación en ella. La mediación implica una capacitación especializada y constante que garantice conocimientos específicos que posibiliten el logro de los objetivos deseados. Los mediadores deben ser capacitados para adaptar con total ductilidad el método a las características del medio donde se aplica (Barbosa y Magris, 1998). Sin embargo, la formación no trata sólo de asegurar la idoneidad técnica, sino —y fundamentalmente— la idoneidad moral de los operadores del sistema. En este sentido, la capacitación en mediación se dice estar orientada hacia la adquisición de *competencias cognitivas:* poder conocer, comprender, aplicar, analizar, sintetizar y evaluar; *competencias procedimentales:* poder adquirir la habilidad para la comunicación oral y escrita, entrevistar, asesorar, negociar, analizar, investigar, resolver cuestiones, pero también *competencias actitudinales:* actitud informada por la honestidad, la ética, la integridad, la responsabilidad y la independencia (Barbosa y Magris, 1996).

Pero, ¿cómo se enseña o transmite el conocimiento en este último tipo de competencias? No queda claro, los mediadores no pueden responder a esto; pero lo que sí dejan claro es que si bien la capacitación en mediación es una técnica, al mismo tiempo pretende formar en otro tipo de rasgos relativos a la personalidad y al carácter de un mediador. Lo técnico aparece mezclado con la vocación del cambio social, y en este proceso los principios de la mediación —que serían los aspectos más abstractos— se transforman en procedimientos. Por ejemplo, se indica cómo la actuación del mediador deberá asegurar la *neutralidad* porque es el componente fundamental de las responsabilidades éticas de los mediadores. La neutralidad implica un procedimiento libre de favoritismo, parcialidad, sea en apariencia, sensación, palabra o acción, y también implica asumir el compromiso de mantenerlo y servir a todas las partes y no a una particular. Se espera, además, *confidencialidad* de las actuaciones y comunicación directa de las partes, porque a través de la comunicación las partes logran desentrañar los verdaderos intereses de cada uno y obtener un acuerdo mutuamente satisfactorio.

A los mediadores se les exige capacitación continua, actualizada y específica porque la mediación es una técnica y en este sentido cualquier profesional formado podría ejercerla. Pero simultáneamente es una vocación que requiere más que adquisición de conocimientos. Y lo que se supone debe dar la capacitación son aspectos que pertenecerían a una zona borrosa y no muy bien delimitada entre lo que se puede o no enseñar. La vocación suministra un saber que se adquiere, pero que son dos partes de un mismo concepto. Y así se forma la vocación, a partir de un saber, pero como explica Weber, no de un saber *místico*, sino de un saber *práctico*, del saber cómo hacer, "una posesión desde la cual se alcanza una orientación práctica de conocimientos comunicables de los valores y los disvalores dentro del mundo" (Weber, 1984: 431). La vocación se reconfigura y junto con la técnica constituye la imagen sobre los rasgos que definen la tarea del mediador.

La delimitación de la técnica

El énfasis puesto en la mediación como técnica lleva a un terreno de amplia disputa aún no completamente resuelta. Si bien es compartida la idea de que la mediación, además de ser un compromiso para el cambio social es una técnica, no todos entienden por *técnica* la misma cosa.

El primer término de esta discusión —el más importante en cuanto a magnitud— se refiere a si los mediadores deben ser abogados o si no es necesario que lo sean. Otro punto en disputa se refiere a si los mediadores extrajudiciales necesitan algún tipo de formación especial previa universitaria además de la capacitación *técnica especializada en mediación*. A pesar de las diferentes opiniones, cada uno de estos dos ámbitos está regulado por la ley y ha quedado definido el modo de su operación. Sin embargo, se escuchan muchas voces descontentas que no acuerdan con el modo en que la letra de la ley finalmente se legisló. El cuerpo importante de este debate se generó en el recinto legislativo en el momento del debate de los proyectos y fundamentos de la ley, pero aún hoy permanece implícito en las mesas de mediación.

La ley sancionada en la provincia de Córdoba establece que "para actuar como mediador en sede judicial se requerirá poseer título de abogado con una antigüedad de tres años en el ejercicio profesional" (Provincia de Córdoba-Ley de Mediación, 2000: artículo 33 inciso a); para actuar como co-mediador en sede judicial es requisito tener cualquier título universitario con una antigüedad superior a los tres años en el ejercicio profesional. Asimismo, un mediador extrajudicial deberá cumplir los mismos requisitos que el comediador judicial. Es decir, aunque en la judicial al menos uno de los mediadores que atiendan un caso debe ser abogado, en la extrajudicial esto no es necesario. Hasta aquí lo reglamentario.

Comencemos por la segunda de las discusiones porque es la que menos desacuerdo genera: para ser mediador extrajudicial es necesario poseer un título universitario. La técnica aparece asociada a una idea de educación. ¿Por qué? ¿Cuáles son los argumentos que defienden este requerimiento? ¿Qué fundamentos lo atacan? ¿Qué dicen los mediadores sobre este punto?

Para ser mediador es necesario poseer título universitario. Por un lado, los que apoyan este requisito argumentan que es correcto exigir tal título, porque si no

> cualquiera podría ser mediador [...] y sería como darle un bisturí a un mono, como si de ahora en más dijéramos como hay tantas apendici-

> tis vamos a empezar a enseñarles a los enfermeros a operar apéndice. Total es una operación simple y fácil" (entrevista, mediador abogado).

Del requisito de la profesión universitaria se espera que: garantice un nivel de superioridad y de actitudes que no tienen que ver con la técnica; otra de las cuestiones, aunque no garantice pero al menos acerque, es la capacidad de poder manejar con discreción la información que los mediadores manejan. Conocer la intimidad de las personas, sostienen los mediadores, otorga un tipo de poder que no cualquiera estaría en condiciones de manejar, excepto un profesional universitario. Éste es uno de los argumentos. Quienes acuerdan con el requisito de profesionalidad creen que el grado de nivel educativo que pide la ley supone que las personas tienen que estar más preparadas para el tipo de información confidencial que la mediación maneja. Aseguran que la ley pretendió asegurar el *respeto*, aunque no estén seguros que lo garantice, "porque en la universidad hay cada delincuente, y luego hay unos que son santos y no han pasado ni siquiera el segundo grado" (entrevista, mediador abogado). Suponen que una sociedad avanzada, además de educación, tiene una mejor manera de llevar adelante sus conflictos y al mismo tiempo creen en el peso social de las credenciales. La defensa del requisito de la profesión universitaria es sostenida desde una posición de estatus simbólico, pero no de conocimiento práctico para un mejor manejo de las herramientas de la mediación. Este último aparece con menor fuerza que el de los recursos simbólicos.

Para otros, en cambio, la mediación extrajudicial no debería exigir requisito de profesionalidad, no debería ser necesario tener título universitario para oficiar de mediador,

> [...] ya que si el conflicto está sujeto a la exclusiva voluntad de las partes son ellas las que deben coincidir en orden a quién es la persona indicada [para que sea su mediador]. Dábamos el caso de que un litigio entre productores agropecuarios bien podía ser solucionado por un tercero que, sin tener título profesional, pudiera ser un hombre experto y conocedor en la materia. A veces hasta el cura del pueblo puede oficiar de mediador en cuestiones que no requieren, desde luego, un título universitario (Diario de Sesiones Cámara de Senadores de la Provincia de Córdoba, núm. 18, 1997: 1285).

A diferencia de la situación anterior, lo que importa aquí es el conocimiento en la materia del conflicto antes que en la mediación como método o técnica, y además y fundamentalmente importaría la legitimidad que sólo las partes pueden otorgar. Entonces, serían ellas quienes otorgaran autoridad a alguien como orientador en el conflicto y no un título universitario.

> Nada dificulta que un problema entre soderos lo resuelva el sodero que ellos legitimen. La ley no lo permite, por supuesto. Pero la ley es arbitraria, es una decisión de tiempo y espacio. Es arbitrario el hecho que la ley diga que el mediador tiene que ser profesional. Porque no hay relación entre un abogado, un ingeniero, un farmacéutico. No tienen nada común. En ningún momento dice que para la mediación extrajudicial hay que ser profesional. La profesión no aporta nada en específico. Claro, excepto la de abogado. Esto muestra que en realidad el tema de la profesión requerida para ser mediador o del tipo de capacitación específica necesaria es una decisión jurídica, es una discusión que solamente pretende conservar lugares de poder. Es para que los abogados no pierdan su espacio (entrevista, mediador abogado).

Para varios que no acuerdan en que la mediación requiera una profesión, entienden este requisito como un bloqueo legal elaborado para defender el lugar de algunos en detrimento de una apertura hacia otros ámbitos.

Lo técnico es el derecho. El otro aspecto que genera debates arduos y difícilmente conciliables es el referido al requisito de ser o no abogado. Aunque la legislación habilita en la extrajudicial a cualquier profesional, es interesante revelar cuáles son los fundamentos con los que se resiste este permiso. A partir de éstos podemos esbozar a qué se refiere el carácter técnico que parece definir la mediación. En general, cuando se defiende la necesidad de la profesión del derecho para ejercer la mediación, se está hablando de la mediación judicial, no obstante algunos son más cerrados y lo plantean para ambas:

> los mediadores deben ser abogados porque tanto en la mediación judicial como en la extrajudicial se resuelven conflictos de relevancia jurídica, ya que las cuestiones a las que se aplica son las que más tar-

de o más temprano terminan en los estrados judiciales resolviéndose conforme a nuestro sistema jurídico (Diario de Sesiones Cámara de Senadores de la Provincia de Córdoba, núm. 35, 1996: 2374).

Es decir, el conflicto en sí tiene, para algunos, una base jurídica y aun cuando éste no haya adquirido el carácter de cuestión litigiosa en un proceso judicial, sí tiene un potencial de llegar a la justicia. La no *judicialidad* en ese caso sólo implica que la controversia no debe ser discutida y resuelta en y por el poder judicial. Pero no denota que sea un problema que se resuelva con criterios no jurídicos.

Para algunos mediadores abogados, el fundamento no pasa por defender nichos profesionales —como sí lo es para la mayoría de los mediadores no abogados—, sino que es una cuestión más profunda y que supone que todo conflicto implica en el fondo una desavenencia jurídica; todo conflicto es jurídico *en potencia*. Entonces, por más que el problema sea del ámbito de alguna otra profesión, cuando eso es traducido en una mesa de mediación —sostienen—, necesariamente se vincula con aspectos del derecho, en el fondo siempre se relaciona con esta cuestión. El mediador no puede permanecer ajeno a la terminología que se utilice y a los mecanismos y resortes judiciales que existirán luego si esta etapa de mediación no resulta exitosa.

Cuando los mediadores —los de profesión abogados— defienden su especialidad como el requisito para obtener matrícula de mediador, lo hacen con el argumento de que, de este modo, se les garantiza a las partes el respaldo que las leyes dan a cada una de las posiciones, además del manejo del procedimiento y conocimiento acabado del sistema de mediación. Un mediador abogado da la seguridad de saber dónde se está parado (Barbosa y Magris, 1996). Pero no sólo creen que esto es una garantía para las partes[10] sino, además, para el propio "sistema porque sólo un operador calificado del sistema jurídico garantiza el conocimiento jurídico y técnico necesario para el adecuado resguardo del orden público" (Diario de Sesiones Cámara de Senadores de la Provincia de Córdoba, núm. 35, 1996: 2374). Estos fundamentos no separan el conflicto del derecho, no pueden pensar la solución de los conflictos completamente

---

10 El abogado en este sentido importa, porque además facilitaría que no sea rechazado el acuerdo cuando éste pretenda ser homologado.

por fuera del derecho. Es este un argumento muy profundo y contradictorio en alguna medida, porque la mediación pretende ser excluida del ámbito de la justicia pero manteniendo sus estándares. La mediación no se desprendería entonces completamente del derecho como modo de orden social.[11]

Estos argumentos —de la mediación sólo *para* abogados— generaron mucha resistencia desde su origen y en la ley la mediación se reconoce como interdisciplinaria. Actualmente, los mediadores no necesitan ser abogados y aunque lo técnico-judicial puede ser útil en la búsqueda de soluciones de un conflicto a través de la mediación, muchas veces está referido a causas cuya naturaleza hará necesaria la concurrencia de otro tipo de profesionales. En estos casos, otros profesionales estarán más capacitados en términos de entendimiento y formación especializada (Diario de Sesiones Cámara de Senadores de la Provincia de Córdoba, núm. 35, 1996). Por otra parte, en defensa de la multidisciplina, es decir, de la habilitación a profesiones diferentes a la abogacía, se sostiene que monopolizar en la figura de los abogados la tarea de la mediación no sólo resta oportunidad a otras profesiones, sino criterio para analizar, ya que la mediación es un asunto sumamente complejo como para que solamente sea visto como un sustituto judicial. La mediación no es un sustituto ni un complemento de la justicia, es un mecanismo diferente que implica una cosmovisión diferente. Por lo tanto, desde esta perspectiva, no es el derecho la única manera de ordenar los conflictos.

Con estos argumentos se defiende la apertura de la mediación hacia múltiples campos profesionales. La defensa de la multidisciplina de la mediación asienta el carácter técnico del procedimiento no en lo legal/judicial, sino en la procedencia del problema. Se asume que cada problema tiene y necesita una perspectiva particular, por eso más de una disciplina siempre es mejor que una sola. Es más, en ocasiones la profesión de abogados hasta es desestimada por considerar que la base de la abogacía tiene incorporado el litigio como instrumento primordial para resolver los problemas, hecho que no es fácil dejar a un lado en la mesa de mediación. Los partidarios de la multidisciplina consideran que es necesario

11 En el capítulo cuatro veremos cómo el derecho queda implicado en la mediación y cómo esa incursión afecta el proyecto de moralización.

> quitarse estos esquemas de la cabeza como requisito para poder trabajar en la mediación. El enfoque legal que un abogado no podría dejar de aplicar en un procedimiento de mediación reduce la perspectiva: a los abogados les es más difícil porque todo lo ven desde el punto de vista de la ley. Les cuesta más porque tienen que salirse. Hasta para los ingenieros o los arquitectos es mucho más fácil mediar que a los abogados. Tenemos una formación en la que normalmente resolvemos las cosas desde diferentes puntos de vista, cualquier cosa se puede resolver desde diferentes puntos de vista. Cualquier tema se puede ver desde distintos lados (entrevista, mediador no abogado).

Dos comentarios en este punto. En primer lugar, los actores de la mediación recalcan que la profesión no debe desvirtuar la mediación. La profesión puede aportar conocimiento técnico pero no sería correcto trabajar con las lógicas o técnicas o procedimientos de la disciplina en cuestión. Es decir, un psicólogo mediador no es un psicólogo, sino un mediador con conocimiento especializado en psicología. No deben confundirse los roles. Segundo, aunque se defiende la multidisciplina por el aporte específico que puede hacerle a un problema particular, luego en la práctica las profesiones de los mediadores no siempre son tenidas en cuenta en la asociación/ caso/profesión de base del mediador. La asignación de mediadores por caso en la extrajudicial muchas veces se realiza por sorteo, de manera que el azar es el criterio y no la adecuación del tema del caso.

La reconstrucción que hemos hecho sobre el sujeto para llevar adelante el proyecto de la mediación, deja ver una tensión existente entre dos modos de articular un proyecto como el de la mediación. La técnica y la vocación pueden ubicarse en dos extremos del continuo de los criterios o lógicas de organización y fundamentación de un determinado modo de intervención de la sociedad. Lo vocacional, de un lado. Sin la vocación de servicio social pierden sentido los objetivos de cambio social y el fundamento moral del mismo. La narrativa de la vocación emerge justo en ese punto: es el cimiento del proyecto de cambio social. En el otro extremo, la técnica, la especialidad y la profesionalización. Este relato, en cambio, se despliega cuando lo que convoca es el proceso en sí de la mediación, las prácticas de mediación. Si lo que prevalece en esos momentos es la técnica, ¿qué sucede con el proyecto abstracto y los objetivos macrosociales de la mediación? ¿Se desdibujan, se pierden? No. Porque el diseño del proceso de mediación lleva implícita en sí mismo una serie de mecanismos que son explicados como técnicos, y al mismo tiempo son los instrumentos de la moralización. En definitiva, cuando desarrollemos esta idea habremos respondido a la pregunta de cómo la mediación (cree que) moraliza.[12] Como veremos en la última parte de este capítulo, en las características del proceso de mediación es posible encontrar la base en donde este proyecto político conjuga la técnica con la vocación. La mediación construye un sujeto de la moralización en cuya figura se funden la vocación y el saber. El saber cómo —la técnica— no contradice la vocación, por el contrario, la complementa. Ambas se funden y constituyen partes inseparables, dando forma al medio de moralización que está asociado a la salvación, pero que también es técnico.

El contenido específico del código moral

¿Qué tipo de moral es la que despliega la mediación? ¿Qué valores la orientan? ¿Qué se espera que la sociedad haga con eso?

El acuerdo, uno de los elementos para entender el paradigma moral propuesto

En el discurso de la mediación la paz social es el valor supremo y ella quiere brindar un servicio humanizado para promoverla y consolidarla. La paz está asociada a una idea de consenso social entendido como una situación de equilibrio y armonía en las relaciones sociales. Una de las ideas más importantes que sustentan nuestro estudio es que la solución de los conflictos no es lo más importante para la mediación. El acuerdo —el posible resultado del proceso de negociación que hace las veces de sentencia del proceso judicial— y su definición en el discurso de la mediación nos permite entender qué es lo que realmente importa

12 Ese punto lo desarrollamos más adelante y discute por qué la mediación es un proyecto apropiado para lograr el objetivo de moralización, y desarrolla las características del proceso: confidencialidad, neutralidad, comunicación, responsabilidad, entre otros.

al proyecto moral de la mediación: no tanto el acuerdo en sí, sino la maquinaria que él pone en marcha. Por eso, entender cómo la mediación comprende al acuerdo es un elemento que ayuda a definir el contenido moral de la mediación. Es necesario reparar un momento en lo que está detrás de esta idea acerca del acuerdo, y de su papel en el proyecto moralizador.

Comencemos señalando una certeza tácita y subyacente en la mediación: en primer lugar, un acuerdo resuelve un conflicto. Esta es una afirmación que no debería ser mencionada sólo al pasar, por sus implicaciones. En realidad, aceptar la idea de que el *acuerdo resuelve*, es decir, termina con un conflicto, sería no llegar hasta el fondo de la cuestión; por eso volveremos sobre este punto más adelante. En segundo lugar, no obstante que aseguran que un acuerdo resuelve un conflicto, los mediadores no creen que un caso sea exitoso *solamente* cuando llegue a un acuerdo (escrito o no escrito). El proceso de mediación puede terminar con o sin acuerdo, pero haber sido muy rico. Lo importante es que cumpla con el principio de que hayan sido las partes guiadas por los profesionales las que pudieron llevar adelante el proceso. Esto es para los mediadores, haber logrado el objetivo más allá del acuerdo. La mediación siempre "llega a algo positivo porque las personas se ven la cara, hablan y ponen en la mesa del conflicto el problema. Todo eso genera una cosa nueva" (entrevista, mediador abogado). El éxito del proceso definitivamente no está situado en la firma del acuerdo sino en algo diferente, para ellos especialmente mucho más profundo, más allá de que no se resuelva el problema. En ningún caso es evaluado de manera negativa el haber trabajado en una mediación que no llega a un acuerdo, más bien esto es sólo accesorio. Entonces, ¿qué es lo importante de un proceso de mediación? ¿Qué es lo que los mediadores quieren conseguir? La respuesta la encontramos en un aspecto alejado de la materialidad del acuerdo: una mediación es buena o favorable en la medida en que las partes al menos hayan cambiado la actitud con la cual llegaron a la mediación.

> Los mediadores debemos plantearnos en cada momento qué es lo que la negociación busca, yo busco un acuerdo o ¿qué busco? No, busco una pacificación. Si sólo buscamos el acuerdo no se va a fortalecer el proceso, en realidad eso perjudica a la mediación, la debilitaría (entrevista, mediador abogado).

Los actores que promueven la mediación están convencidos de que las que salen de un proceso de mediación son mejores personas que las que entraron, porque mejoraron para ellos mismos y para los demás. Pero para conseguir eso deben tener muy presente que lo que interesa no es el acuerdo. Algunos hasta piensan que en mediación no hay éxito ni fracaso y hasta creen que la palabra *fracaso* debería ser desterrada de la mediación.

> A mí me interesa que las personas que participaron del proceso puedan haber sido escuchados, presentarse y aunque no hayan logrado luego resolver el problema, tengan en su mochila, en su bagaje de conocimientos otras escuchas, otras ideas de trabajar la convivencia que no necesariamente se sintetizan en la firma de un acuerdo (entrevista, mediador abogado).

Es así como, al definir el lugar del acuerdo en la mediación, empieza a esclarecerse un poco de qué trata la moral de la mediación.

> Para nosotros, aun cuando no se llegó a un acuerdo, aun cuando las partes decidieron ir a juicio o que iban a tomar otra solución, el hecho de que las personas hubieran podido reconocerse, volverse a hablar, tener alguna vinculación directa, era para nosotros una intervención exitosa (entrevista, mediador abogado).

Queda claro el énfasis que cargan en el mejoramiento de las relaciones sociales y de calidad de vida de los vecinos y las personas en general por sobre el acuerdo. Pero esto tiene algunos problemas: ¿qué tan evaluables son estos criterios? ¿Cómo considerar cuán exitosa ha sido una intervención de mediación para alcanzar el sentido de comunidad? ¿Cuáles son los indicadores para considerar el grado de cambio que la mediación dejó en una persona, más allá de la mesa de mediación?, especialmente si esa persona no vuelve a utilizar el sistema. No es posible desarrollar indicadores de este tipo para evaluar el desarrollo del programa.[13]

---

[13] Aunque el acuerdo sea un elemento subordinado en la moral de la mediación, la evaluación del programa se basa en él. El problema con esto es que se evalúa un programa por los criterios equivocados. Pero también es cierto que los aspectos que a la mediación impor-

Los valores fundamentales de la moral de la mediación

Uno de los ejes que articulan el núcleo de valores del código moral de la mediación es la responsabilidad. El otro, completamente asociado al primero, la autodeterminación. Veamos cómo se presenta cada uno de ellos.

Responsabilidad, no entendida en el sentido de culpabilidad acerca de un problema, sino como capacidad de previsión y toma de conciencia de las consecuencias de nuestros propios actos. Ésta es una de las dimensiones fundamentales del código moral de la mediación y sobre la que ella quiere intervenir. La responsabilidad se asocia con la toma conciencia de que el problema —por el cual se pone en marcha el proceso de mediación— es de uno, y se sostiene que como el problema *es* de uno, nadie mejor que uno para conocer y poder resolverlo, porque es uno quien conoce desde adentro, sabe cómo se formó, como se generó ese problema. En este marco, responsabilidad es sinónimo de tomar las riendas de la situación y no esperar que un tercero la resuelva. Y así, responsabilidad significa crecimiento, adultez para tomar nuestras propias decisiones en la vida diaria. Lo opuesto a responsabilidad no es una cuestión de irresponsabilidad en sentido negativo. Sino que es un problema de incapacidad de hacer lo "correcto": las personas creen que lo que hacen es lo correcto, que lo que tienen que hacer para resolver un problema es recurrir a un tercero. Ésta es una imagen ampliamente compartida por los mediadores. La mediación quiere lograr una responsabilidad en las personas sobre sus acciones, y por supuesto es *en* la mediación donde esto se aprendería, por lo tanto se trata de una responsabilidad que aunque no *exista,* puede adquirirse.

La capacidad de ser responsables de los problemas implica el deseo de ser artífices de la manera en que éstos serán resueltos, por eso responsabilidad se relaciona con *autodeterminación.* La posibilidad de que la gente pueda por sí misma llegar a soluciones y no delegue en otros cuestiones relativas a nuestra vida cotidiana, permitiría tener un concepto

tan (recomposición del diálogo) son muy difíciles de evaluar. Por otra parte, la dificultad —imposibilidad— de criterios claros para el examen de la mediación es problemático porque desdibuja, por ejemplo, la importancia de la auditoría o rendición de cuentas como uno de los elementos fundamentales que pretenden ser fuente de legitimidad de las políticas.

más elevado de la autodeterminación, y esto al mismo tiempo implicaría mayor compromiso, en el más amplio sentido del término. La autodeterminación implica "no ser paternalistas y permitir que las personas resuelvan sus asuntos sin esperar que los resuelva un juez" (entrevista, mediador no abogado).

Vemos, sin embargo, un punto problemático. La autodeterminación que quiere fomentar la mediación es una pseudo-autodeterminación, a la que llamaremos *autodeterminación asistida*. La autodeterminación de la mediación sólo es figurada —o asistida, lo cual pone en duda el primer concepto—, porque la idea se asemeja a la de una minoría de edad que requiere todavía mucho aprendizaje. La mediación, en este sentido, se convertiría en la escuela para la autodeterminación.

> El mediador le enseña a las partes que esto es un camino de aprendizaje. Supongamos que una persona viene a reclamar, entonces uno como mediador les devuelve la responsabilidad. Es un modo de enseñarles a ser responsables de lo que reclamamos, de nuestras acciones y de lo que nos pasa. Es típico echarle la culpa al otro (entrevista, mediador abogado).

Ésta es la idea que sobresale: la mediación asiste la autodeterminación porque entrega las armas y los elementos, porque las personas por su propia cuenta no pueden hacer esto.

La otra idea fuerte que complementa este argumento de los valores de la mediación es que los sujetos no saben que pueden ser responsables porque están acostumbrados a que alguien haga las cosas por ellos. El siguiente fragmento ilustra muy claramente la importancia que la mediación otorga a la responsabilidad, señalada como paradigma social, antes que individual.

> Si tenemos una enfermedad, acudimos al médico. Es el tema del poder, en quién pongo el poder: "doctor acá me entrego, haga conmigo lo que quiera, yo voy, me tomo la pastillita, me hago la radiografía, todos los estudios que usted quiera". Si tenías un conflicto, ibas con tu representante, tu abogado: vos no tenías ni voz ni voto. Lo ponías en manos de él y él armaba el caso y lo ponía ante el juez. ¿Por qué es un cambio paradigmático? Porque cada uno se hace cargo de sí mismo.

> Y toma responsabilidad. Yo tomo mi propia responsabilidad y con el otro me siento y lo arreglo. No pongo a un tercero que decida por mí. Un niño cuando va creciendo recurre a la mamá. Hasta que madura y dice: "ya puedo tomar mis propias decisiones". Como sociedad para crecer, para ser adultos y tomar decisiones con responsabilidad y con adultez, primero tenemos que poder tomar nuestras propias decisiones en la vida diaria (entrevista, mediador no abogado).

La comparación con el modelo médico o paternal es muy precisa para describir la importancia y el papel de la responsabilidad, así como sus consecuencias. La idea es que somos una sociedad acostumbrada a delegar y buscar una autoridad como garantía. En consecuencia, esto es parte del cambio que se proyecta, es parte de lo que la mediación se propone cambiar.[14]

Aunque el punto de llegada de código moral de la mediación sostenga la deseabilidad de una tendencia macro y general respecto al deber ser de la sociedad, los valores son individuales y consecuentemente van definiendo una moral de la individualidad. Los valores que lo definen apuntan a la producción de condiciones subjetivas que concreten formas personales de autogobierno y autorregulación que, en definitiva, generen un tipo de ciudadanos libres de ser ellos mismos, pero bajo ciertas condiciones. Esto nos hace pensar en el argumento de Rose sobre la especificación de sujetos activos en su propio gobierno, como parte de una racionalidad gubernamental que fusiona las obligaciones voluntariamente asumidas de individuos libres con una conducción responsable de sus propias vidas. "Son los sujetos mismos quienes toman sus decisiones sobre sus conductas en un ámbito organizado cada vez más alrededor de la proliferación de normas y normatividades" (Rose, 2006:

14 La moral de la mediación se proyecta como un rasgo macrosocial general, para todos por igual. Pero no todos los grupos sociales son considerados de la misma manera en esta carrera hacia la moralización. En el discurso de los mediadores la mediación pública se manifiesta para el sector social más desfavorecido. Y no porque éste sea un sector más permeable al contenido moral de la mediación, sino porque serían susceptibles al vehículo, esto es, a la mediación misma. Esto no obedecería a rasgos propios de estos grupos, más bien a rasgos de la estructura social de oportunidades. No alcanzan estas apreciaciones para sostener que la necesidad de la moralización recae sobre los grupos sociales excluidos. Se trata, por lo tanto, de una serie de consecuencias no planeadas producto del modo que adquiere finalmente la mediación.

151). Al mismo tiempo, éste es un modo de gobierno que crea una distancia entre las decisiones de las instituciones políticas formales y los actores sociales, concibiéndolos a éstos como sujetos de responsabilidad, autonomía y elección, y actuando sobre ellos al diseñar y utilizar su libertad.[15]

La moral de la mediación nos habla de una idea de orden social. La deseabilidad es la de generación de macro tendencias sociales. Pero el método que aplica para la conformación de ese orden social refuerza más bien el papel de las conductas individuales de los sujetos. La pretensión es guiar en un nivel microsocial las interacciones de sujetos individuales. El lenguaje moral de la mediación quiere generar el cambio que se propone interviniendo desde el plano de lo intersubjetivo. Veremos que esta manera de orientar el cambio moral es una pieza que forma parte de un modo de gobierno de lo social, característica ampliamente asociada a la idea de mercado.

El tiempo pasado y la evolución

¿Cómo es posible articular todos los rasgos de la sociedad y del conflicto que crean la situación problemática en la que vive la sociedad con el cambio moral que la mediación propone? El nexo que articula es el tiempo. El elemento temporal está presente en todo el discurso.

En primer lugar, resulta interesante atender los giros discursivos del relato de la moral —responsabilidad y autodeterminación— de la mediación. Tanto en los mediadores como en los legisladores, recurrentemente aparece la figura del *retorno*. Los dos valores más importantes del código moral de la mediación son aquellos que parecerían ausentes después de haber estado presentes alguna vez. Por eso, la mediación con estos valores lo que en verdad pretende no es imponerlos desde afuera o generarlos espontáneamente, sino *recuperarlos*.

Encontramos expresiones que indican que la mediación implica "devolver a la gente la posibilidad de resolver sus cuestiones" para que "reasuman el control de sus problemas y nuevamente se sientan dueños de

---

15 Retomaremos este argumento al final del texto, en las consideraciones finales.

sí mismos". Es preciso que la gente "reasuma la potestad que tiene para ser dueña de su condición" (entrevistas). Hay que instar a las partes a "reasumir el rol protagónico". Estas apreciaciones nos dan la idea de que la mediación está aquí para traer de regreso un pasado utópico. O al menos uno en el que estos valores existían. Moore (2001) comenta que es un giro muy recurrido, cuando se quiere modificar un clima moral imperante, la alusión a un pasado utópico que sirva como motivación del cambio a modo de bastón para castigar un presente supuestamente inmoral y desgraciado. La idea del pasado incontaminado por los males del presente. Esta imagen sí es recurrente en el discurso de la mediación. Por un lado, como ya señalamos, en la figura del *retorno*. Pero también en la explicación de la indeseabilidad de la "conflictividad" vivida actualmente, que parecería ser propia y "natural" de la época actual porque no se profundiza demasiado en la explicación de sus determinantes. Este "mal social" daría razón de ser a la mediación.

> Cada vez la sociedad es más conflictiva. Cada vez hay más problemas, y la paradoja es que cada vez estamos más comunicados en un punto, pero a la vez, nos comunicamos menos entre las personas. En este contexto la devolución a las partes de la autocomposición de los conflictos podrá recomponer los tejidos sociales interferidos por la conflictividad social (Barbosa y Magris, 1998: 26).

Pero la imagen de la recuperación de algo perdido enseguida se desvanece cuando prestamos atención a cuál sería el obstáculo que la mediación encuentra en el camino para poder instalarse definitivamente. Este mismo pasado que aquí suena como "la nostalgia por lo que fuimos" se convierte inmediatamente en "la superación de lo que fuimos por la utopía que vendrá". El pasado no es la utopía, sino quien nos ha cargado el autoritarismo y sus modos en las espaldas. Más bien, la mirada de la confianza está puesta en el presente que nos da la posibilidad de maduración. La liberación del pasado sería necesaria para dar el paso. Y la mediación irrumpiría produciendo un cambio para recomponer los tejidos sociales interferidos por la conflictividad social. Este cambio es definido como sustancial en tanto afectaría modalidades arraigadas: la mediación supone un cambio cultural porque apunta a la mejor convivencia; es necesario por eso cambiar la estructura mental de cómo la gente entiende el conflicto, es decir, *deseducar* una cultura competitiva de guerra. Éste es parte del espíritu de la mediación.

La ambigüedad respecto de la interpretación del pasado no es profundizada en el discurso mismo de la mediación. La nostalgia por el retorno a una situación no termina de quedar claro como algo que tenga un sentido que trascienda un simple modo de expresión, por lo que ensayar otros significados sólo sería especular. En cambio sí existen muchos más indicios que confirman, por un lado, que la inclusión de la dimensión temporal en la mediación lleva a la necesidad y reconocimiento de que la moralización es un proceso. Y, por el otro, que en este proceso el pasado, aunque sea un recurso con el cual explicar el poco éxito de la mediación (y de la moralización), en definitiva es la historia que se quiere modificar, no conservar.

El esquema diseñado por la mediación no está libre de problemas. Si prestamos atención a las prácticas de la mediación, se evidencian varias dificultades y no todo es tan fácil ni tan simple como parecería en las descripciones del discurso de la mediación. La deseabilidad del cambio social por sí misma, asumida en los fundamentos de semejante proyecto de intervención, no es suficiente. Entre el modelo social expuesto en los fundamentos de esta política y su ámbito de aplicación se manifiestan serias dificultades.

Resulta paradójico que lo que se pretende cambiar sea casi lo mismo que se necesita para que la mediación funcione de manera fluida. En otras palabras, el objetivo del programa es lo que actualmente estaría imposibilitando que la mediación tenga una aceptación y un reconocimiento completo en la ciudadanía. Entre el modelo social expuesto en los fundamentos de esta política y su ámbito de aplicación se manifiestan serias dificultades que son advertidas por los mismos mediadores. En las expresiones de estos actores se advierte fácilmente que esta pretendida constitución de orden social no es lineal y sobre todo muestra que trasciende la voluntad política, al menos no depende exclusivamente de ella. Las implicaciones que este aspecto paradójico tiene sobre la moralización las profundizaremos en el capítulo cuatro. No obstante, aquí nos preguntamos ¿cómo es trabajada esta dificultad desde el discurso de los mediadores? Las dificultades son reconocidas por los mismos operadores del programa, quienes intentan explicar cómo estos escollos se van resolviendo en la misma puesta en marcha del programa. En el discurso de los mediadores se advierte una idea de *evolución social*: la mediación pondría en marcha un proceso que movería la maquinaria social evolucionando en el sentido deseado.

"Estamos mal pero vamos bien"[16]

En el primer momento de este proceso evolutivo y de crecimiento la mediación identifica un tipo de sociedad que no resuelve los conflictos de la manera adecuada. Uno de los grandes motivos señalados para explicar por qué no se usan estos métodos es la falta de conocimiento, de información acerca de la mediación, sus alcances, su disponibilidad. Para los mediadores, este problema de la desinformación podría resolverse simplemente con importantes campañas de difusión. Por supuesto que se reconoce que el Estado debería ser el difusor número uno, pero no sería el único al que le correspondería tal tarea. La responsabilidad de la difusión no es atribuida exclusivamente al Estado como actor, sino que el discurso de la mediación apela al compromiso de sectores de la sociedad civil, especialmente los colegios profesionales. La otra gran herramienta para la difusión que describen es el "boca a boca", cuyo uso recaería sobre todas aquellas personas que hayan pasado por la experiencia de la mediación. Los mediadores consideran a esta última como la más efectiva de las fuentes de difusión, porque "es desde la vivencia personal positiva desde donde mejor se puede hacer propaganda a la mediación".[17] Otro de los grandes motivos reconocidos por los mediadores por el cual la mediación no tiene el uso que debería tener, no se refiere a condiciones de tipo coyuntural —como lo sería la falta de conocimiento—, sino que está relacionado con las *mentalidades*. La raíz de esta razón tiene un componente cultural y por lo tanto su modificación no es tan simple, aunque no imposible. La educación es el elemento más importante reconocido por todos los mediadores para modificar en el largo plazo esta situación.

---

16 "Estamos mal pero vamos bien" (1995) es parte del título de un artículo de Atilio Borón publicado en *Doxa. Revista de Ciencias Sociales*, Buenos Aires, núm. 13-14, octubre, pp. 13-14 (El nombre completo del artículo es "Estamos mal pero vamos bien. Pobreza y ajuste neoliberal en la Argentina").

17 Idea repetida en las entrevistas.

Para ellos este primer momento es el que actualmente estaría transitando la mediación, a pesar de llevar varios años desarrollándose. Algunos hasta arriesgan en sus pronósticos que el arraigo de la mediación llevará entre diez y quince años. Pero aunque el diagnóstico del presente que se está atravesando no sea ni el óptimo ni el deseado, en lugar de existir un sentimiento de resignación o pasividad, por el contrario, el discurso incentiva a continuar el trabajo para lograr el paso a la próxima etapa, en la que se lograría finalmente que la mediación sea reconocida, valorada y, en consecuencia, utilizada por todos. Esta próxima etapa sería la de la consolidación del nuevo paradigma del que se hablaba en las páginas anteriores. La mediación reconocería la existencia de tiempos sociales que hay que respetar, especialmente para este tipo de proyectos que implican un cambio de mentalidades. Es decir, no se trataría de un problema de los argentinos o de los cordobeses el hecho que no se use la mediación, sino que es una cuestión propia de la humanidad la necesidad de acostumbrarse y adaptarse a este tipo de nuevas situaciones. Así, la mediación encuentra una justificación a su poco éxito y también a la labor misma de los mediadores. El esfuerzo que requiere el compromiso con la *evolución social* se asocia a la idea de vocación y mesianismo señalada anteriormente.

La evolución tiene un sentido social y un sentido individual. Este último es el proceso en sí que experimenta una persona que está en contacto desde adentro de la mediación. Puede ser una persona que participe como parte de una mediación, o un mediador, o hasta un abogado que anteriormente se oponía a este proceso. En este sentido, los mediadores están convencidos de que la mediación tiene un gran potencial para cambiar a las personas, y al mismo tiempo las personas son vulnerables a este tipo de experiencias. Los sujetos, entonces, tendrían esta habilidad, pero este "hombre bueno no sabe acerca de sus potencialidades como persona". La intervención de la mediación activaría estas potencialidades en las personas.

Por otro lado, el sentido social de la evolución de una etapa a otra supone que cuando se logre que la mediación sea el "ámbito natural" de resolución de disputas y problemas cotidianos, será porque habremos logrado aprehender el verdadero sentido de la mediación, en definitiva, la pacificación social. No obstante, el camino para lograrlo es a través de las subjetividades, no tanto en las colectividades.

Ahora bien, ¿cómo la mediación espera generar esta adaptación que permita el tránsito de dicha etapa de transición hacia la situación ideal del nuevo paradigma? Entre una y otra etapa en este camino evolutivo de la mediación existe un "mientras tanto". Para llegar al resultado sería necesario pasar por una etapa que no es la ideal, pero que es un paso necesario para la consecución de la próxima etapa. Esta fase es la de la obligatoriedad de la mediación, especialmente en el ámbito judicial. La obligatoriedad está asociada a la autoridad con la que estamos acostumbrados a manejarnos. El argumento es que si hoy la mediación no fuera obligatoria, no se usaría. Entonces, en un primer momento el problema de la falta de apoyo popular para su funcionamiento no sería tan grave porque se la puede hacer obligatoria. La obligatoriedad para que ciertas y determinadas causas vayan a mediación permitiría una *clientela* que conozca el proceso y así luego, mediante la difusión *boca a boca*, se genere la convocatoria voluntaria.

Aquí existe una paradoja. La mediación quiere ser impuesta, de lo contrario nunca pasaría a su supuesta siguiente etapa. Por un lado, se dice que el problema por el cual la gente no usa la mediación es la cultura autoritaria en la que hemos sido formados. Por otro lado, se dice que si no la hacemos obligatoria no la vamos a usar. La obligatoriedad sería entonces hasta que nos "acostumbremos" a hacer uso de este proceso, hasta tanto nos la apropiemos. Pero la realidad muestra otra cosa: la ley nacional tiene once años y cada cinco tiene que prorrogar la obligatoriedad porque no logra instalarse como sistema privado de resolución de conflictos, no está afianzado o incorporado para que funcione de manera independiente si fuera voluntario. ¿Hasta qué punto es posible mantener esta explicación sin caer en una contradicción? La mediación pretende crear un sujeto nuevo, proveyéndole las herramientas para que ese sujeto sea capaz de la autodeterminación. Pero la herramienta para conseguirlo es hacerla obligatoria; ¿no se estaría negando entonces la autodeterminación? ¿Cómo se concilian los fines de la mediación de generar una nueva cultura de la convivencia basada en la responsabilidad de las personas sobre las consecuencias de sus acciones con los medios de imposición para conseguirlo?[18]

[18] El tema de la obligatoriedad y voluntariedad será trabajo en profundidad en el capítulo cuatro.

La justicia, el adversario del proyecto moralizador

La justicia es el ámbito específico reconocido y aceptado para darle salida a los conflictos que las personas tienen. Pero en el proyecto de la mediación para la modificación de un estado de situación de la sociedad, la justicia es construida como el adversario. El sistema de justicia en tanto opción legítima para la canalización de los conflictos es el oponente no tanto de la mediación —que bien podría serlo porque afectaría un plano institucional—, sino de la moralización misma. La justicia es presentada, a través del discurso especialmente de los mediadores, como el enemigo de la moral; el enemigo de la moral que la mediación quiere instalar. Para dar forma a este argumento nos preguntamos entonces ¿cuál sería el código moral de la justicia —desde el punto de vista de la mediación en Córdoba— y cómo atenta contra el código moral de la mediación?

En concreto, la justicia no ayuda en la situación de escasa autodeterminación propia de la sociedad, sino que fomenta la situación opuesta, la continuidad de la no-toma de las propias decisiones respecto a los problemas de la vida cotidiana. Más bien, la justicia atentaría contra la responsabilidad individual. La mediación entiende que en la justicia no es posible desarrollar la responsabilidad que la mediación proclama porque funciona con un mecanismo de delegación en una tercera persona, pues existen otros actores que van a decidir por nosotros. Además, la lógica de funcionamiento de los actores judiciales reforzaría estas actitudes: en primer lugar, el abogado, quien será el encargado de traducir nuestras inquietudes, por lo tanto ya no las expresará la persona afectada. En segundo lugar el juez, quien es el que dirá cómo y qué debe hacerse. La mediación encuentra que la justicia no moraliza porque no promueve la responsabilidad ni la autodeterminación, las claves de la moral de la mediación. No les otorga poder a las partes, que es fundamental a la moralización.

Por otra parte, los mediadores resaltan otro aspecto de esta situación: las personas utilizan la ley o el derecho para conseguir una situación que por sí mismos no podrían.

> Un caso es el de los padres que dicen que los bares deberían cerrar a las cinco de la mañana. Pero si vos querés que tu hijo vuelva a las cinco de

la mañana, que vuelva, no hace falta que cierre el boliche con una ordenanza para que tu hijo vuelva a las cinco. ¿Por qué traslado la cuestión de la autoridad como padre al Estado? Si yo creo que tiene que estar a las cinco, le digo o lo voy a buscar para que vuelva cuando yo quiera. Me parece que esto de trasladar es muy argentino, la culpa la tiene el otro, el no hacernos cargo de todo" (entrevista, mediador abogado).

Ven en la justicia una manera de abonar la no-autodeterminación. Para entender cómo es que la mediación coloca a la justicia y al derecho en el lugar de la antimoral, reconstruimos algunos caracteres que según la mediación definen a la justicia. Esos mismos rasgos que señalamos a continuación son los que la ubican del lado de los enemigos de la moralización.

La distorsión de la traducción. Para la mediación la justicia no moraliza, entre otras cuestiones porque no motiva ni promueve la verdad y en cambio promueve la distorsión. La mediación define a la justicia como permisiva y no estricta en cuanto a decir la "verdad". Si el código de la mediación es el sinceramiento de las personas, el de la justicia es el de la distorsión.

Esta supuesta distorsión tiene varias aristas. Por un lado, la de las mismas personas que llevan el problema.

La persona tiene que explicar su versión del problema, pero es muy diferente lo que dirá delante del otro con quien tiene el conflicto, que lo que le dice al abogado. Son cosas muy distintas. Al mismo tiempo, cuando ya estás frente a frente con la otra persona es más difícil que mientas, que tengas ciertas actitudes, porque el tratamiento es otro (entrevista, mediador no abogado).

Por eso para la mediación, la justicia permite mentir, y desde esta perspectiva mentir no es moral.

Nosotros siempre decimos que los papeles no se ponen colorados, ni les da vergüenza, ni se sonrojan. Y aunque los papeles no se ruborizan, la gente sí. Y en esto tiene mucho que ver el tema del contacto personal y el de volver al ámbito del contacto personal. Esto es una vuelta a las fuentes, revalorizar el diálogo personal, el hacerme cargo de que yo tuve algo que ver, y a ver juntos cómo podemos hacer (entrevista, mediador no abogado).

Desde esta perspectiva la justicia crea un ambiente que es un buen caldo de cultivo para el desarrollo de una serie de valores opuestos a los que la mediación quiere potenciar.

Por otra parte, para la mediación, la justicia distorsiona porque no llega a la raíz auténtica del conflicto.[19] Pero esto supone, entonces, que hay algo tal como *conflicto verdadero o real* que ocasionalmente aparece solapado por un *conflicto aparente o superficial*.

> Un problema de ruidos en la noche termina siendo en definitiva una cuestión de celos. Un conflicto se desvirtúa de tal forma, que se desdibuja el real conflicto que trajeron las partes. Porque buscan otra cosa. En general eso pasa con los conflictos familiares, que traen situaciones conflictivas que después en el proceso te das cuentas que lo que estaban buscando eran cosas totalmente fuera de conflicto (entrevista, mediador abogado).

Nuevamente, la justicia no es un ámbito en que se pueda develar este *real* conflicto. Por eso para la mediación la justicia transitaría sobre canales distorsionados. No obstante, esa *verdadera raíz del conflicto* que la mediación se jacta de elucidar en ningún momento tiene que ver con las causas sociales o estructurales que podrían estar generando esos conflictos. Veremos en el próximo apartado que la mediación traduce todos los conflictos a un problema de expresión y de comunicación, y esto implica mover los problemas de una posible esfera pública a una privada. De esta manera, esa supuesta autenticidad del conflicto que la mediación puede alcanzar por encima de la justicia sólo se refiere a una que haya estado solapada por una falla de comunicación, no por algún otro tipo de causas. Entonces, el argumento que esgrime la mediación le exige a la justicia algo que ella no pretende dar, y además tampoco se ocupa efectivamente por llegar al *fondo* de un problema y resolver desde allí. El

19 La mediación tampoco, porque no cuestiona nunca las bases y causas de los conflictos. Véase apartado siguiente.

tratamiento del conflicto termina siendo un tanto superficial y nunca se cuestionan las condiciones o el contexto que lo originaron.

Un tercer tipo de distorsión que la mediación identifica en la lógica de la justicia es la de la *posición y los intereses*. La justicia, según la mediación, no diferencia estos planos y la dificultad es que las personas tampoco tienen clara esta diferencia. Por eso es algo que sin un ambiente específico como el de la mediación, pasaría inadvertido.

> En realidad lo que yo necesito es esto; no lo que demandé[...] "¿con qué me siento satisfecho? Con un pedido [de] disculpas y que me paguen los gastos médicos, el juicio me significa un problema más, no quiero seguir con esto porque en realidad lo que yo necesito es nada más que un pedido [de] disculpas". Esto pasa muchas veces (entrevista, mediador abogado).

Es parte del credo de la mediación; es un *hecho* que lo que las personas buscan (posición) es muy diferente de lo que necesitan (intereses). Eso es lo que la mediación llama salir de la posición para ir hacia los intereses. Dado un conflicto, la *posición* es cuando dos partes quieren lo mismo. Pero cuando se indagan los *intereses* de las partes, la cosa cambia. Entonces, el verdadero conflicto no es el que se expresaría en el ámbito judicial, sino el que se encuentra sustentado por los intereses o necesidades de las partes. Es el "por qué" o el "para qué" de lo que se denomina posición (conflicto manifiesto) y no encuentra cabida en el derecho positivo, aunque no sea esto lo más importante para la mediación. En cambio, sí es más importante el problema de la distorsión que genera la intervención de los abogados. Una demanda es elaborada por un abogado.

> Nosotros como abogados tomamos los datos, pedimos que nos cuenten, y después le damos el contenido jurídico y exageramos de alguna manera las situaciones para que el derecho parezca más violado. Esto es válido y todos los abogados lo hacemos, es nuestra forma de defender al cliente (entrevista, mediador abogado).

El problema de una persona lo reconstruye otra —un profesional capacitado— pero nunca la misma persona implicada en el problema; el experto abogado lo solucionará con las técnicas jurídicas que sólo él maneja, mas no con las técnicas de la vida. En este proceso, según el discurso de la mediación, la justicia cambiaría el protagonista de la historia: del sujeto al abogado. Y creen que esto no debería suceder.

El expediente que elabora un abogado, con las estrategias que permite y exige el derecho, expresa muchas verdades pero omite otras tantas, fundamentales para la mediación. Y esto es un nudo fundamental para que la mediación construya su imagen sobre la justicia. El problema de que resuelva un tercero yace en que, dadas las características del Poder Judicial, éste sólo se guía por lo que escriben los abogados en sus demandas y contestaciones de demandas, pero ese discurso —sostiene la mediación— no necesariamente es la realidad de los hechos. Es sólo lo que los abogados expresan. La distorsión sería un subproducto de la no responsabilidad de las personas en resolver sus propios conflictos.

Por último, la mediación cree que el proceso judicial resuelve sólo sobre lo que está puesto sobre la mesa. Esto quiere decir que la justicia reduce el ámbito de discusión y el ámbito de resolución sobre lo que está dicho;

> yo digo blanco y vos decís negro. Entonces, empezamos a discutir nada más sobre colores, pero ya queda dicho que de algún color es. Y sólo sobre lo que uno está tratando de probar, pero sin hacer la prueba de que es blanco, o blanco oscuro, o negro claro, o gris. Entonces, se empieza a resolver mal. O al abogado le digo que necesito esto, y el abogado le suma esto, y esto otro, y aquello (entrevista, mediador abogado).

Esta metamorfosis del problema es otra de las aristas de la distorsión que la mediación reprueba de la justicia.

La estructura contenciosa de la justicia

La no composición de intereses es otro de los planos en los que la mediación cuestiona por *falta de moralización* a la justicia. Un juicio nunca perseguiría este objetivo, ni tampoco podría. El modo en que la justicia decide, generalmente implica que una parte gane y la otra pierda. No existe la posibilidad de que las dos partes ganen algo o saquen algún provecho. Por lo general "el que ganó, ganó y se llevó todo. Y el que perdió, perdió todo". Y para la mediación esto en lugar de resolver, resiente aún más.

> En una sentencia siempre hay un ganador-perdedor, y el ganador dice: podría haber ganado más; y el perdedor dice: ¿por qué perdí? Nunca queda muy satisfecho el hombre cuando se pronuncia un tercero (entrevista, mediador abogado).

Para la mediación el código de la justicia es "paga lo que has hecho". Además, desde la visión de la mediación los abogados están formados para litigar y creen que en el ambiente de abogados la idea es que ser el mejor es ganar el pleito. La figura es la de una competencia en la que ganar o perder son los únicos dos resultados posibles, cuando la mediación en cambio propone que las dos partes *ganen* algo.

El problema del anonimato

Otra cuestión imposibilita —para la mediación— la moralización en la justicia: ella no puede moralizar porque las partes no establecen contacto personal. Resulta para los mediadores muy problemático que el juez nunca llega a verles las caras a las personas.

> La gente dice: "cuando vaya al juicio yo le voy a decir al juez"[...] "¿Cuándo lo va escuchar el juez a usted? Nunca, jamás". Usted no lo va a ver nunca al juez. Sólo es un escrito, con letra y con pruebas (entrevista, mediador abogado).

> Un juez nunca lo va a escuchar relatar a usted las noches que usted se pasó desvelado porque el perro del vecino ladraba. Y esto es lo menos importante para el juez, porque el juez lo que tiene que ver es en qué ley puede caer esto que usted está diciendo para ver si hay justicia o no (entrevista, mediador abogado).

Aunque sólo es en el fuero de familia que el juez puede solicitar ver a las partes —en el resto del ámbito civil no—, los mediadores reclaman que esto tampoco sucede.

> El artículo 58 indica que el juez puede llamar a las partes, se hace normalmente en el divorcio pero puede aplicarse para cualquier tema.

> Esa audiencia para tener contacto con las partes el juez dice cómo van a ir resolviendo la cosa, qué van a hacer con los chicos, qué van a hacer con las cosas. Esa audiencia el juez a veces ni la toma, a veces la toma el secretario, y a veces lo hace en cinco minutos, o lo toma directamente el mismo abogado que los trajo con lo cual se pierde lo necesario y lo esencial de esto (entrevista, mediador abogado).

Entonces, por un lado la mediación ve que la justicia y su modo de resolver los problemas no motiva a las personas a desarrollar sus propias soluciones para los problemas. Pero, por otro lado, advierte que la justicia no satisface las *reales* necesidades de las personas que a ella acuden. Otras veces aunque pueda satisfacer lo que alguien quería o estaba buscando, "deja un sabor amargo".

> A veces en una instancia judicial puedes obtener una sentencia favorable y sin embargo quedarte con el trago amargo porque puedes obtener una indemnización pero necesitas que tal vez esa persona que te llevó por delante en la calle, que te pida disculpas o que vea cómo te dejó, o que entienda por qué estoy reclamando (entrevista, mediador abogado).

Probablemente para la mediación sea que en la satisfacción empieza la pacificación. Habría entonces, para la mediación, una satisfacción verdadera y "oculta" tras los intereses superficiales que creemos tener.

> Otra cosa que necesita y que no va a tener nunca en el juicio es que el médico le diga ahí, de frente "yo nunca quise que esto le pasara, no lo pude prever, hice todo lo que estaba a mi alcance, pero no me salió bien. Yo también soy humano". Eso baja los niveles de agresión y de disputa de una manera impresionante. Y a partir de ahí se puede empezar a trabajar (entrevista, mediador abogado).

Por esta vía la justicia no tiene manera de llegar a una solución real de los problemas y esto forma parte fundamental del discurso de la mediación. Los mediadores, haciendo uso de su *saber hacer social*, parecieran saber sobre las personas más que las personas mismas: sostienen que a la gente no le interesa el beneficio material, ni una carta documento, ni la reparación económica sino lo que ellos consideran que necesitaban: un pedido formal de disculpas, una escucha de la otra parte, de poder contar la situación y una genuina comprensión sobre lo que sucedió. En este sentido, la justicia no estaría preparada para ser sensible a estas necesidades. No es el código con el que se maneja. El código civil prevé qué es lo que hay que hacer con todos los problemas, pero la mediación asegura que eso no resuelve, porque la necesidad es otra. Esa *otra* necesidad es la que podrían percibir los mediadores, a diferencia de los abogados y los jueces.

Entonces aunque la justicia es el ámbito previsto por el Estado para la resolución de problemas, la mediación cree que no siempre tiene la respuesta que las personas necesitan. No satisface. No otorga lo que realmente precisan las personas, aunque crean que sí les está satisfaciendo. Para la mediación la justicia hace justicia, pero no siempre la gente necesita justicia. Es lo que las personas en un principio *creen* que requieren, pero en realidad no lo es. Necesitan algo que ni siquiera ellos saben, pero que en mediación podrían descubrir. Así, la mediación se atribuye el mérito de satisfacer esta necesidad *real o efectiva* y, además, el de constituir un espacio que permite que esta necesidad oculta aflore. Se asume que existe una necesidad, pero para manifestarse es preciso que existan las condiciones especiales que crea la mediación. En las condiciones normales que ofrece la justicia, estas necesidades quedarían no sin satisfacerse, sino sin siquiera poder manifestarse.

El malestar con la justicia

La justicia es el referente del discurso negativo, en un plano discursivo es constituida como el enemigo de la moralización. El enemigo de la moral es un enemigo moral también. El proyecto moral tiene obstáculos, que es el cómo somos como sociedad. La moral también tiene un adversario que es la justicia. La distinción entre obstáculo y enemigo es sutil y difícil de sostener fuera de un plano analítico. Pero no queremos llevar esta descripción a una lógica de causalidades y decir que en el discurso de la mediación el enemigo —la justicia— es quien causa los obstáculos, el tipo de sociedad que somos y cómo nos la llevamos con en el conflicto. No. No queremos sostener que en realidad somos tal cual somos debido al sistema de justicia. Sino que obstáculos y enemigo juntos se entienden como una pieza en el sistema de atribución y explicación de la desdicha social. En este caso la explicación es moral.

Pero hay algo aún más importante en la identificación de la justicia como enemigo que hallamos en la mediación. Una de las funciones clave del Estado es la administración de justicia y la mediación la pone en duda y la desestima. Sin esforzarnos demasiado encontraríamos otros discursos que también la desestimen, y en este sentido el de la mediación sólo sería uno más entre tantos. Pero la crítica de la mediación a la justicia es paradigmática y se separa de todas las demás en tanto la cuestiona no por sus defectos, sino por la posibilidad de que funcione como debería funcionar. Y esto sí es algo problemático. En la práctica, la justicia nunca es todo lo ideal que debería ser. Pero nunca ese ideal deja de ser uno de los pilares del Estado. La mediación convierte a la justicia en enemigo porque ella es heterónoma, impersonal, no busca la verdad de la sinceridad y no se hace cargo de los sentimientos. La mediación critica a la justicia justamente por sus virtudes. La virtud del derecho es precisamente establecer límites claros entre lo que a él pertenece y lo que corresponde a otros ámbitos. El derecho no lo abarca todo, sino que establece nítidos límites entre su ámbito y el de otras instituciones sociales, pero esto es parte de su virtud. La virtud de la administración de justicia es justamente delimitar un campo con respecto a otro. Entonces, cuando la justicia se construye como el enemigo en el discurso de la mediación, el problema no es que funcione mal sino que podría funcionar perfectamente. Esa es una expresión de un malestar con el derecho, con la justicia. En todo proceso de administración de justicia hay un remanente de injusticia. Este remanente es ineliminable y es por el cual nadie está satisfecho con la justicia. Pero este malestar que se traduce en la mediación es mucho más profundo que esto, pues no se limita a cuestionar ese remanente de injusticia que no se puede eliminar, por el contrario, ataca el ideal mismo de la justicia.

¿Cómo moraliza la mediación?

En la descripción de la estructura del código moral de la mediación ubicamos a la mediación misma, al proceso de resolución en sí, como el medio para lograr el cambio moral y al mismo tiempo la cura ante la justicia como enemigo y los rasgos de la sociedad como los obstáculos. El objetivo de este apartado es describir justamente esa lógica. Para ello, debemos prestar atención a los rasgos del proceso de mediación. En definitiva, trataremos de entender cómo y de qué manera la estrategia de intervención en la resolución de conflictos genera en primer lugar los puntos fuertes del código moral deseado: responsabilidad y autodeterminación. Para esto la mediación crea una atmósfera particular donde se forma un microambiente en el que prevalecen la comunicación, los sentimientos y los valores. En un segundo momento, y después de haber explicado cómo funciona este mecanismo, intentamos avanzar en algunas posibles consecuencias de esta lógica.

Los arquitectos de su propio futuro

El acuerdo es un elemento fundamental en esta lógica. En primer lugar porque se supone que lo elaboran las mismas partes y es algo que deciden ellas. "Nosotros manejamos y dirigimos el proceso pero a él [al acuerdo] llegan las partes. Entonces como las partes han trabajado en él se sienten partícipes, y aquél que es partícipe es el primero que lo cumple" (entrevista, mediador abogado). Y aquí recargan la fortaleza del acuerdo. El supuesto que este argumento sostiene es que las personas no cumplen —o les es difícil cumplir— cuestiones impuestas, y así explican por qué muchas veces las sentencias judiciales no se cumplen y en cambio los acuerdos sí. La diferencia estaría, según señala la mediación, en el compromiso que genera el involucramiento en una decisión. Lo plantean como una cadena lógica: "si lo dije, lo quise. Luego, lo cumplo". Y ese cumplimiento estaría facilitado por una cuestión de pertenencia con el resultado: "el acuerdo es mío, y si no se cumple, es porque yo también fracasé. No otro sino yo mismo" (entrevista, mediador abogado). Pero, además del aspecto del compromiso que implica el tomar cartas en el acuerdo, el discurso de la mediación argumenta que el cumplimiento del acuerdo se facilita porque está basado en las reales posibilidades de las personas.

> Cuando las partes son protagonistas quiere decir que se va a cumplir, eso es una garantía asegurada porque un juez puede decir: usted tiene

> que pagar tanto. Y la persona paga dos cuotas y después no pagó más porque no podía pagar. En cambio acá puede decir que sus recursos son tales y para qué le alcanza (entrevista, mediadora no abogada).

La mediación basa su capacidad para moralizar en la idea de que las partes mismas pueden y deben ser los arquitectos de su propio futuro. Es decir, las partes son los determinantes más importantes del proceso por el cual la disputa se resuelve y además son ellos mismos los creadores de los resultados. Son estos dos temas centrales en moralización de la mediación. Que el cumplimiento sea una función del compromiso de haber participado en él y la seguridad de que el acuerdo *impone* cosas realizables para las personas, son dos mitos fundacionales de la mediación. No obstante, a este mundo ideal construido desde el discurso de los mediadores es necesario matizarlo bastante. El matiz se advierte especialmente cuando se atiende a la práctica concreta de la mediación, ya que es bastante común que las partes no participen completamente en el proceso y que el acuerdo sea *insinuado* por los mediadores antes que las partes.

Así, el panorama práctico de la mediación deja ver en primer lugar que la responsabilidad en realidad no es asumida (elegida) por las partes, sino que es delegada. Es decir, la responsabilidad en tomar las propias decisiones respecto a la forma de resolver un conflicto no es elegida en sí misma, sino que es una consecuencia del modo de funcionamiento del proceso de mediación: por el modo en que suelen establecerse los acuerdos y además porque la asistencia no siempre es absolutamente voluntaria. En este modo en que se relata cómo el acuerdo creado por las partes es el núcleo de la autodeterminación, no sería correcto soslayar el papel de los mediadores, más allá de su autorreconocimento como meros guías. Los mediadores pueden llegar a ejercer un gran control tal vez no sobre el acuerdo mismo, pero sí sobre la dirección y organización del proceso de negociación. Algo similar sucede con la autodeterminación. La versión ideal de la mediación, no la que se lleva a cabo, indica que las partes no deben ser ni coaccionadas para llegar a la mesa de negociación, ni dirigidas para arribar a determinados acuerdos. No sólo el acuerdo, sino la misma negociación deben provenir de las partes. Por eso la autodeterminación nos lleva inexorablemente a plantear el papel de la voluntariedad, específicamente el cuestionamiento de cuán auténtico puede ser el fin de la autodeterminación en un marco de no voluntariedad.[20]

Los conflictos son problemas de comunicación

Rothschild explica que la mediación es un proceso interactivo basado en el paradigma de la comunicación. Todo lo transforma a un problema de comunicación. El enfoque que la mediación aplica a la resolución de conflictos implica un proceso en que los conflictos y disputas son constantemente parafraseados y traducidos en problemas de comunicación interpersonal (Rothschild, 1993). Que todo problema sea traducido en un problema de comunicación es algo que queda muy claro en las voces de los mediadores de Córdoba.

> En realidad lo que el mediador hace es facilitar la comunicación. Porque evidentemente los conflictos son problemas de comunicación (entrevista, mediador abogado).

> Desde que éramos chicos cuando nos enseñaban a comunicarnos, nunca nos enseñaron a escuchar activamente, sólo nos decían cállense, nos decían no hablen. Pero nunca nos decían escuchen. Siempre era: "cállense, cállense, no hablen". No nos enseñaron a hablar en un tono en que todos nos entendamos. Nunca nos dijeron eso. Nos faltó la comunicación. Todo es un problema de comunicación. El universo es lenguaje. Parece tan simple pero no lo es (entrevista, mediador abogado).

> Ella no sabía lo que él quería, y él no se lo decía. Ese fue el gran problema. Entonces es un problema de comunicación, y esa es la finalidad de la mediación. Esto es para que se escuchen, que puedan hablar, nosotros creamos el espacio de escucha. No todas las personas tienen facilidades de comunicación. Muchas personas son mudas, no hablan y uno tiene que estar sacándole las cosas. Esto es una instancia de

20 Volveremos sobre este punto en el capítulo cuatro.

creación del escenario para resolver el problema de la comunicación (entrevista, mediador no abogado).

Pero, ¿de qué trata la comunicación de la mediación? Básicamente la comunicación permite entender que hay otra posición diferente de la propia.

> La mediación te hace entender que hay otra posición distinta a la tuya, conocerla ya es un buen dato. A lo mejor la puedes respetar, entender y a lo mejor no la compartes pero no importa. Pero ya sabes que hay otra posición diferente de la tuya y diferente de la única solución que yo tenía pensada, hay tres o cuatro. Así se empieza a abrir el panorama de una manera interesante para la próxima vez (entrevista, mediador abogado).

El beneficio residiría al parecer en la posibilidad de ver el problema desde otro punto de vista. La comunicación enseña la empatía, el ponerse en otro lugar a partir de la escucha de las razones del otro. Y en esto consiste aprender a convivir empezando por el reconocimiento del otro, algo que es tan fundamental para el discurso de la mediación.

> Esto sí lo permite la comunicación directa entre las partes. Quizás no justificarse, pero sí entenderse que es muy distinto. Yo a veces no voy a justificar que venía a 120 km/h y me llevé por delante a una persona, pero sí puedo hacerle entender al otro que me pasaba tal o cual cosa, o por qué ese día estaba distraído. Puedo entender en muchos sentidos (entrevista, mediador abogado).

Para los mediadores la riqueza de la mediación reside en que ofrece la posibilidad de confiar en que se puede hablar, escuchar y conocer qué es lo que quiere el otro y para qué lo quiere.

> Generalmente las partes llegan muy peleadas, muy enemistadas. Seguro, porque no han podido conversar y si no han podido conversar la pelea cada vez es más grande. El conflicto escala. Pero a medida que van hablando, este nivel de conflicto va disminuyendo y al ir disminuyendo es posible que salgan de esa posición enraizada con la que llegan y puedan ver el interés y la necesidad del otro. Y que tal vez

a veces no están tan alejados del interés mismo de uno (entrevista, mediador no abogado).

Así entienden los mediadores cómo el proceso de mediación se convierte en un mecanismo de pacificación social. El respeto y la tolerancia, la comprensión y la solidaridad, desde una posición de no juzgamiento sino de cooperación. Estos son los valores que el conflicto puede llegar a desplegar, siempre y cuando sean enfocados desde un proceso de mediación. La mediación es el medio para la moralización y la cura contra los males de la falta de moral, porque ella es una representación, una puesta en escena para que todo confluya hacia un mismo objetivo. La mediación es moralización porque todo en ella está diseñado para ofrecer una microescena de la vida completamente custodiada y cuidando al máximo los detalles. Claro que no todo lo que se logra en esa escena trasciende al ámbito de la vida cotidiana, si es que se logra.

Todos los conflictos que la mediación atiende se transforman en un problema comunicacional. La ideología de la mediación presenta un consenso más o menos generalizado en el que se definen los problemas como problemas de falta de comunicación. El paradigma de la comunicación como base del conflicto centra la atención del proceso en los aspectos relacionales y emocionales de los conflictos. Y, consecuentemente, otras dimensiones de las disputas (legales, sociales, políticas o económicas), no son prioritarias ni tenidas en cuenta. En general, todos los conflictos son pensados como solucionables a partir del restablecimiento de la comunicación. Es evidente que aquí lo legal no es el modo prioritario ante el cual se confrontan los problemas y esto responde a los objetivos fundacionales de la mediación. Pero la transformación de todo hacia el paradigma de la comunicación niega otro tipo de conflictos sobre valores, intereses, necesidades (Rothschild, 1993). Más bien no los niega, pero los subsume a un problema de comunicación.

Sentimientos y vida cotidiana

La mediación no se involucra con la terminología abstracta y formal propia del derecho. Acá en cambio el lenguaje de los sentimientos y el de la vida cotidiana son los que se destacan. El proceso de mediación destaca la discusión sobre los sentimientos antes que sobre los actos. Ellos juegan un papel fundamental.

> Uno juega con la forma de involucrarse en la situación. No es lo mismo leer la demanda donde dice que la persona quedó en silla de ruedas, que tener a la persona en la silla enfrente de uno. Nosotros los abogados estamos acostumbrados a manejarnos con papeles, y los papeles son fríos. Dicen cosas terribles los papeles pero uno las saltea, las pasa de largo. No es lo mismo verlo ahí (entrevista, mediador abogado).

> El primer momento es difícil porque la gente viene con mucho resentimiento, bronca, y ese tipo de cuestiones. Pero luego de las diversas reuniones en las que hicieron la descarga emotiva la cosa cambia totalmente (entrevista, mediador no abogado).

> Siempre vienen muy enojados, se sientan sin mirarse[...] y después de dos o tres reuniones ves cómo van modificando algunas formas. El haber escuchado a alguien, el hacerles ver, alguien que los ayude de que hay una herramienta, mostrarle el desgaste y el camino tan largo que para resolver un conflicto traían, el hacerles ver y trabajar con otras alternativas (entrevista, mediador abogado).

> Nos han pasado casos en que las personas entraban sin poder mirarse a la cara, y que de pronto te digan: yo a fulano le quiero pedir perdón. La mediación es un espacio para que esto pueda ser así (entrevista, mediador no abogado).

Es marcada la importancia de expresar los sentimientos antes que demostrar los hechos reales, y así también se entiende que la mediación no pueda hacer justicia. Es más, la noción de justicia se transforma. Lo importante no es la justicia sino la restitución y el perdón. El lenguaje de la vida cotidiana se supone que aporte la experiencia de naturalidad y universalidad necesaria para facilitar la incorporación de los valores que la mediación quiere transmitir. Al mismo tiempo, el hecho de que la mediación gire en torno al lenguaje de la vida cotidiana genera una apariencia de horizontalidad en las relaciones y de ausencia de poder, que no siempre se logra y es bastante dudosa.

Las consecuencias para la definición de la justicia y el conflicto

Asociar el conflicto exclusivamente a un problema de comunicación es muy parecido a suprimirlo. Así entiende Nader (1993) el tratamiento que la mediación da al conflicto. Se genera una especie de prevención basada en una conciencia terapéutica y compromiso con la armonía. La mediación, para esta autora, se acomoda a la conciencia terapéutica contemporánea porque se centra en los sentimientos y en las expresiones individuales. Las terceras partes son conceptualizadas como humanas, responsables, atentas a las expresiones y los sentimientos de los otros más que a los intereses. La preocupación no es con la justicia sino con las relaciones armoniosas, con la comunidad y de paso, si es posible, con la remoción de los "casos basura" en las cortes. La producción de armonía sería alcanzada por un movimiento en contra de lo contencioso. Las relaciones, no las causas profundas; las habilidades interpersonales de resolución de disputas, no la injusticia, es lo crucial en la mediación.

Los componentes de esta "ideología de la armonía" se parecen a los de la ideología de la mediación en Córdoba. Las disputas se diseñan como problemas de comunicación interpersonal. Las inequidades de poder no entran al paradigma; las disputas sobre hechos y derechos legales se transforman en disputas sobre sentimientos y relaciones; el conflicto es personalizado y los problemas son ubicados en el ámbito de las emociones. La personalización del conflicto implica que aunque no haya culpables e inocentes, cada parte *es* el problema, la causa de una disrupción al orden social y en ningún momento las condiciones en las que esa persona vive se cuestionan como causa del conflicto. La mediación excluye estas consideraciones. La privatización del conflicto implica excluirlo del escrutinio público y traducirlo todo a términos psicológicos y subjetivos. Además, no resolver los conflictos es visto como disfuncional y amenazante para el orden social y la vida comunitaria. Se piensa que la armonía es inherentemente buena y el problema de la justicia no es aparente.

En este marco, entonces, justicia no es castigo o retribución sino restitución de relaciones rotas. Tal enfoque asume que el conflicto y su resolución van más allá del acuerdo (Lederach y Kraybill, 1993).

> Nosotros hemos tenido la semana pasada un acuerdo tan reparador, respetuoso, que dijimos la gente participó de manera voluntaria,

> aquí vienen porque lo desean. No les interesa el beneficio material, ni una carta documento. Vimos cómo una familia que había pasado por una situación muy difícil, muy traumática, tuvo lo que podía esperarse de una situación de este tipo, no la reparación económica sino lo que ellos consideraban que necesitaban: un pedido formal de disculpas, una escucha de la otra parte, de poder contar lo que ellos habían pasado con la situación y finalmente una especie de encuentro entre las partes donde hubo una comprensión mutua de lo que les había pasado (entrevista, mediador abogado).

La mediación cambia la justicia por una idea de perdón, reparación social y reconciliación. Cuando la mediación se convierte en un proceso de comunicación, la justicia se define no en correspondencia con derechos o a estándares explícitos, sino en relación con estándares implícitos de conformidad (Nader, 1993). La ideología de la armonía es una idea en la cual el conflicto es controlado, no resuelto. Los problemas sociales son negados y personalizados y todo pretende ser solucionado por la construcción de cursos de consenso. Pero la confrontación no desaparece, sólo se suprime. Lo que muchas veces se llama prevención posiblemente sea supresión del conflicto (Nader, 1993). Por detrás de esta perspectiva del conflicto existe la visión de la comunidad, el barrio, la familia y las relaciones en general como un lugar de armonía social y de valores compartidos.

Este tipo de enfoque presupone un consenso social sobre derechos y valores. Evidentemente los mediadores en este marco se entienden a ellos mismos como facilitadores de la comunicación antes que tomadores de decisiones. Lo que las partes pueden obtener como resultado de la mediación es una oportunidad de hablar, y de comunicarse. Lo cual no es poco. Para muchos, esta es una valiosa oportunidad difícil de encontrar sin la intervención de la mediación. Es necesario reconocer esto. Pero los objetivos del programa no se agotan en la mera provisión de un foro de comunicación.

Tras la definición de una idea de Estado en la mediación

Desde un inicio destacamos cuál era el concepto de Estado que creemos apropiado para entender este proyecto de constitución de *moralidades* que la mediación despliega. En ese momento remarcamos la importancia de reconstruir las imágenes cotidianas del Estado, el conjunto de ideas sobre la *estatidad*, así como las prácticas estatales desarrolladas en torno a la mediación.

Así como existe un sistema-Estado que toma forma en una dimensión institucional, también existe una *idea-Estado* que se manifiesta a través de las representaciones e imaginarios de las personas. Este capítulo describe algunas certezas que dominan esta imagen del Estado como el gerente de la mediación en Córdoba, cuáles son los elementos que en esta representación justifican el papel del Estado en la moralización social, cómo se marcan los límites entre el Estado y el no-Estado.

Las preguntas que guían el análisis de la primera parte del capítulo son, en primer lugar, en qué consiste el papel o el rol moralizador del Estado. Esto es, cómo los actores de la mediación definen al Estado como "encargado" de la moralización. Las percepciones de los legisladores sobre sí mismos y su papel social, por un lado, y los relatos de los mediadores acerca de lo que creen que el Estado es y debería ser en la mediación, por el otro. Estos constituyen los recursos primarios con los que damos cuenta de este aspecto del Estado, la moralización y la sociedad.

En la segunda parte consideramos las prácticas de Estado de la mediación desde algunos aspectos organizacionales e institucionales. El modelo de mediación cordobés proyecta un área compartida entre actores públicos y privados para llevar adelante la tarea de la moralización. Nos interesa explicar las prácticas de distribución de autoridad para la moralización, que aunque estén asignadas a diferentes actores en un plano reglamentario, el modelo que se instala y ejecuta es uno en el que el Estado termina concentrando la autoridad de la moralización.

El núcleo de este capítulo apunta a pensar qué concepto de Estado es el que construye y nos presenta la mediación. Queremos entender, a partir de la imagen del Estado que los actores reproducen así como de las prácticas, algunos rasgos importantes para definirlo en este caso particular y así dar el primer paso para entender su configuración actual.

El Estado desde el Estado: actores, imágenes y prácticas

La mirada sobre el Estado que intentamos sostener —uno intersticial que se (re) constituye a partir de modificaciones en sus rasgos estructurales, especialmente en la forma de la relación con la sociedad— nos lleva a poner especial atención en cómo algunos actores lo perciben, cómo la idea del Estado se manifiesta en la vida de las personas que trabajan en sus instituciones, cómo esas percepciones se corresponden con ubicaciones particulares dentro y fuera del Estado, cómo se enmarcan en procesos institucionales. El análisis de estos procesos —culturales— a través de los cuales el Estado es instanciado y experimentado, permite ver que la cohesión y unidad es una ilusión creada por los propios actores estatales, y emerge en cambio una idea disputada y frágil en tanto es el resultado de un proceso de luchas de sentido, que no debería ser dado por hecho.

Focalizar en las prácticas del Estado y las representaciones cotidianas como modos a través de los cuales se constituye una definición de éste, es una decisión metodológica fundamental porque abre un amplio terreno de lugares y textos a través de los cuales repensar el concepto mismo de Estado. Pensar cómo los estados son constituidos culturalmente, cómo se sustancian en la vida de las personas y en las consecuencias sociopolíticas y cotidianas de estas construcciones, significa movernos más allá del nivel institucional de análisis del Estado para atender las prácticas sociales y burocráticas (Sharma y Gupta, 2006).

La idea sobre ser legislador

Para empezar a definir cuál es la imagen que algunos actores estatales tienen sobre el Estado, comenzamos reparando en la autodescripción de los legisladores obtenida a partir de los debates parlamentarios sobre la mediación. La importancia de estos sujetos en el proyecto de la mediación deriva del estatus legal que la mediación tiene y que describimos en el inicio de este documento. Si bien notamos la carencia de una explicitación de lo moral en la norma propiamente dicha, sí la encontramos en el proceso del debate parlamentario. Claramente los legisladores constituyen un grupo de actores con protagonismo especial en la determinación de la ideología de la mediación, es decir, de la moralización. El papel que éstos se atribuyen da forma a una mirada vertical y jerárquica del significado de la política y del hacer político.

¿Qué significa el Estado puesto en juego en la definición de la mediación, desde el punto de vista del legislador? Claramente, el papel del Estado y de la política está asociado a la función de legislador. Una supremacía de la ley como primer y más importante modo de coordinación social es identificada en el discurso de los propios parlamentarios en referencia a su actividad. La idea que gira en el ambiente del Congreso es que un legislador en primer lugar no es una persona cualquiera, sino que se reconoce a sí mismo como poseedor de una virtud. Pero no se trata de una virtud natural sino adquirida. La posibilidad de conseguir esta virtud residiría en la formación profesional, que es la que los faculta para desarrollar sus actividades parlamentarias. "El paso por los claustros de la universidad es el hecho que demuestra los quilates adquiridos en cada uno de los temas tratados en el recinto" (Diario de Sesiones Cámara de Senadores de la Provincia de Córdoba, núm. 35, 1996: 2346). Uno de los rasgos que para el legislador define su identidad y que lo habilita para estar en ese lugar de diseño del destino de la sociedad, es el del conocimiento, en el más amplio sentido de la idea: el legislador conoce la sociedad, conoce sus necesidades. El conocimiento, en tanto virtud de los legisladores, se plasma en un supuesto diálogo, debate maduro, razón y entendimiento de las razones, aspectos que terminan ubicándolos en una posición de *iluminados sociales* para los objetivos del Estado: la paz social, el bienestar social y el bien común. Para ellos los objetivos están más que claros: el Estado, y en particular los que redactan las leyes, buscan mejorar el destino del "hombre y la mujer común, que son los verdaderos destinatarios de la herramienta de la mediación, del ciudadano común que no sabe de leyes ni de derecho, por eso espera a quien sí sabe que lo haga y lo ayude en la búsqueda de la verdad" (Diario de Sesiones Cámara de Senadores de la Provincia de Córdoba, núm. 14, 2000: 1109).

Además, junto al conocimiento aparece asociada una idea de compromiso. Un legislador no sólo ocupa una banca desde la cual dirige los caminos de la sociedad, sino que es poseedor de los "principios fundamentales de la convivencia política, principios que conducen a conjugar esfuerzos en aras de legislar mejor para la gente" (Diario de Sesiones Cámara de Senadores de la Provincia de Córdoba, núm. 14, 2000: 2353). En esta construcción, que los actores legislativos efectúan respecto a ellos y en definitiva respecto al Estado, va apareciendo de una manera marcada la envergadura de la ley.

La imagen que estos sujetos construyen sobre sí expresa una sintonía entre conocimiento/capacidad/legitimidad. Además, muestra concretamente cómo ellos se autopresentan como los orientadores y guías auténticos de los destinos sociales, más allá de las divergencias acerca del contenido concreto de esa orientación. Si la sociedad tiene un problema, es el Poder Legislativo el lugar para diseñar las soluciones, "los legisladores son los representantes de la sociedad y los que conocen sus necesidades" (Barbosa y Magris, 1999: 22). Problema y solución forman un todo no fácilmente distinguible y su ámbito natural parece ser el parlamento. Pero no sólo eso, también el legislador considera importante detenerse a pensar si realmente está haciendo las cosas de manera correcta porque es a través de ellos por donde el Estado debe asumir la responsabilidad primaria de devolverle a la ciudadanía lo que ésta necesita. Así lo encontramos en los registros de los debates en el parlamento. Hasta aquí la propia imagen de los legisladores sobre su papel y el del Estado.

Ahora bien, ¿qué significan estas representaciones que los legisladores tienen sobre sí mismos y sobre el Estado? Estos elementos puestos en conjunto, el Parlamento como el ámbito por el que necesariamente tienen que pasar todas las discusiones, por un lado, y la ley como el elemento primordial para la organización social, por el otro, nos devuelven una imagen que en definitiva concentra el gobierno en la producción jurídica, visión que excluiría la posibilidad de que la política o lo político pase por algún otro ámbito que no sea el del derecho y la producción de leyes. Es decir, los legisladores parecen estar convencidos de que si la política es coordinación social, ellos *son* la política. Es importante considerar esta definición como un aspecto clave de una identidad autoconstruida acerca de la tarea del legislador, como una pieza para reconstruir el modelo de Estado que la mediación nos presenta.

Para los legisladores, el acto propio del legislador es legislar mejor para la gente. Pero, ¿qué significa legislar mejor? Desde su punto de vista, significa asumir y reconocer un sentido de mandato que fuera entregado por la ciudadanía, la cual a la vez demanda una respuesta o acción concreta. Es decir, la de la responsabilidad del poder delegado genera un tipo de honorabilidad y esto debe asumirse responsablemente. "La posibilidad de incidir sobre las realidades sociales es una responsabilidad que suele convertirse en abrumadora si no se tiene claro el sentido de mandato que la ciudadanía les ha conferido y sólo constituye una gratificación cuando una norma contribuye a mejorar la calidad de vida de gente que sufre" (Barbosa y Magris, 1999: 20).

Un sentido de superioridad también es remarcado cuando se menciona a otros sectores sociales que pueden influir en los diseños de los modelos de sociedad. Así, el legislador se reconoce atento a la amplia participación de todos los sectores en la mediación y esto para ellos es una cuestión de dignidad. Pero el reconocimiento de esta colaboración es superficial en realidad porque aunque muchos de estos actores puedan creer que interactúan en una relación de igual a igual, siempre queda bien definida la superioridad del que hace la ley: es el legislador quien tiene la última palabra y esta jerarquía es legítima porque le viene dada por la voluntad general (Diario de Sesiones Cámara de Senadores de la Provincia de Córdoba, núm. 14, 2000). La autopercepción del legislador sobre el Estado que se pone en juego en las discusiones sobre la mediación, manifiesta una doble superioridad: por un lado, la del Estado respecto a otros actores de la vida social; por otro, la del legislador y la ley respecto al gobierno y la política en general.

El tratamiento que se le dio a la crisis de la justicia en el debate parlamentario de la ley de mediación es un ejemplo muy transparente de la identidad del legislador, de su papel frente a la sociedad. Y es especialmente interesante porque además revela la importancia de ese papel social —el de guiar los caminos de la sociedad— en posicionamientos completamente opuestos respecto a la relevancia de la mediación para resolver la crisis judicial. En un cuadro común del significado de ser legislador, se marcó la posición divergente respecto de la mediación en el contexto de la crisis de la justicia. En los términos de sus propias definiciones, la tarea de un legislador es resolverle los problemas a la sociedad. Pero un conjunto común de ideas respecto al papel del legislador adoptó caminos opuestos respecto a un tema concreto. Nadie negaba que la crisis de la justicia fuera un hecho real, concreto y objetivo. Sin embargo, el mismo proceso sostuvo en sentidos opuestos la representación que los legisladores tienen sobre sí mismos y sobre su función social: la de asumir la responsabilidad que la sociedad les ha delegado para orientar futuros proyectos. El planteamiento convergente fue: ante la crisis de la justicia, los legisladores somos los encargados de darle a la sociedad lo que ella necesita. Luego la divergencia: justamente por eso hay que apoyar/resistir la mediación.[1]

Pasemos en limpio lo que queda de esta relevancia que se atribuyen estos actores estatales en la iniciativa de llevar a la sociedad hacia una mejor situación. Nuestro objetivo es buscar piezas para elaborar el esquema de Estado que la mediación nos presenta. Y lo que encontramos es una idea que corrobora en parte la noción de Estado que describimos en el capítulo primero y de la que justamente queremos desligarnos. El Estado que los legisladores construyen es aquel cuya mirada jerárquica sobre la sociedad no sólo tiene una investidura de objetividad del que *sabe hacer las cosas* sino que esa es *la* forma y la manera en que *hay* que conducir una sociedad. Los legisladores nos presentan una representación bastante clásica del Estado en la que el político, en este caso el legislador, reúne en su persona la virtud —de la que la sociedad carece— para guiarla a sus destinos. Este es un primer elemento en la definición del Estado en la mediación.

---

1 Particularmente porque para los que no apoyaban la mediación, ella no fortalecería la justicia sino que sería una solución de segunda clase.

El Estado en la mediación según los mediadores

He recreado el Estado en los discursos de los legisladores. Pero la mediación involucra a otro conjunto de actores tanto o más importantes que aquellos que escribieron la norma de la mediación. Se trata de los mediadores. En ellos, en sus discursos y percepciones es posible encontrar elementos que revelen algo acerca de la definición del Estado que estamos tratando de reconstruir.

En el discurso de los mediadores, si se trata de ubicar un responsable de la mediación el primero en aparecer indefectiblemente es el Estado. Los actores lo definen como el lugar indiscutido desde donde ofrecer la mediación como un servicio a las personas; no cabe posibilidad de que sea *alguien* más quien la lleve a cabo. Y esto, para los mediadores, es una cuestión de pura voluntad política, iniciativa y propósitos firmemente planteados. "Si yo Estado me propongo hacerlo bien, y trabajo con quien sea necesario trabajar, le doy a la mediación el lugar que tiene, si yo confío en que puedo lograrlo, puedo lograrlo. Es una cuestión de voluntad política" (entrevista, mediador abogado).

El papel del Estado aparece vinculado a la voluntad política del gobierno, al punto que se lamenta el hecho de que cuando cambian las administraciones se deshaga lo construido en este tipo de proyectos.

¿Cuál es ese concepto de Estado que está recreando la imagen que los mediadores (de centros públicos) construyen respecto de la responsabilidad para la coordinación de la mediación? La carga de responsabilidad al Estado, como el ámbito pertinente en el cual concentrar la dirección del proyecto de mediación, se funda en la idea de que existen algunas tareas o funciones que le son indelegables y que es él *quien* debe organizar, coordinar y establecer las reglas; para los mediadores el Estado tiene que acompañar políticamente con educación e institucionalización. En estas representaciones se acude al Estado como recurso para otorgar significado a un tipo de autoridad. A su vez, éste aparece casi como un *fantasma* en cuya personificación residiría el fundamento más importante que justifica la existencia de la mediación.

En cambio los mediadores de centros privados, que tienen sus propios centros de mediación, construyen de manera diferente el sentido de la autoridad del Estado. Éstos están convencidos de que la autoridad debe pasar por el Estado, pero se refieren especialmente a la autoridad sobre el financiamiento del proyecto. La voluntad política mencionada por los mediadores privados se refiere directamente a los problemas presupuestarios. El Estado para ellos sí tiene que dirigir y coordinar, pero sobre todo tiene que aportar el dinero. El presupuesto es justamente uno de los asuntos que genera controversia, especialmente entre los diferentes ámbitos de la mediación: pública y privada. Como señalamos al principio, la mediación privada prácticamente no funciona, son muy pocos los casos allí mediados. Y los mediadores privados trasladan esta dificultad a un problema de autoridad estatal. Desde la perspectiva de este grupo, para que la mediación privada funcione sólo es necesario el compromiso político para la asignación de recursos.

Desde el punto de vista de la mediación pública, en contraste, la autoridad estatal permanece como aquella que sirve para establecer las reglas. Nuevamente hay disonancias. Pero estas diferencias en las ideas sobre la autoridad estatal respecto de la mediación son una expresión de las diversas concepciones que los diferentes actores construyen sobre el Estado. Tal como lo resaltan Sharma y Gupta, "los efectos conflictivos del Estado producidos por la compleja dialéctica entre prácticas y representaciones de diferentes grupos en contacto con el Estado rompen la hegemonía y la singularidad del Estado, y resaltan las contradicciones que él mismo cuaja" (Sharma y Gupta, 2006: 19).

Si nos desplazamos de esta imagen o idea de Estado y de autoridad respecto de la mediación hacia un área más cercana a la institucionalidad u organización de ella, la imagen no permanece inmutable. En la reconstrucción de esta mirada desde los actores que están involucrados directamente con el proceso institucional y operativo de la mediación —esto es, la práctica de la mediación—, el Estado no es ubicado en este lugar exclusivamente. Y esto porque cuando se piensa en las prácticas de mediación, de manera inevitable surgen los obstáculos, las cosas que no funcionan como deberían funcionar o al menos como fueron pensadas por quienes garantizaban conocer lo que la sociedad necesitaba. Entonces, cuando en la mesa están los problemas, en lugar de aparecer la referencia a un Estado que concentre la administración de los modos de vida a seguir de las personas, en el escenario se incluyen algunos otros actores de la vida institucional de una región. Esto nos sugiere la idea de que el Estado no es pensado como el único generador de orden social. Pero, también, puede significar que cuando el Estado falla como el primer y más importante actor para desarrollar la mediación, en el plan alternativo de búsqueda de soluciones y atribución de responsabilidades de lo que no sale bien, hay una distribución de culpas opuesta a la concentración de autoridad.

Esta última idea acerca de la no exclusividad de la responsabilidad del Estado, cuando emergen las dificultades del funcionamiento de la mediación, se repite en otro aspecto. *Efecto multiplicador* es el concepto al que los mediadores (especialmente los públicos) apelan para explicar cómo debería funcionar el proceso de dar a conocer la mediación en la sociedad con la cual casi inmediatamente, para algunos, se resolvería el problema de la falta de uso de la herramienta. Es decir, aunque es el Estado quien tiene que ofrecer el servicio, hay una atribución de responsabilidad compartida para dos tareas fundamentales: difundir la herramienta y concientizar o cambiar las mentes de las personas. En la lista mencionan a asociaciones de profesionales, mediadores y ciudadanos, cada uno de los cuales ya pasó por esa experiencia. Todos los que tuvieron algún contacto con la mediación y se beneficiaron o tuvieron experiencias satisfactorias deberían ser los factores multiplicadores para trasladar la misma idea a otras personas. Según los mediadores, estos son los actores que deberían incentivar al ciudadano para que pueda elegir la vía que estimen más correcta, esto es la mediación.

Así, la noción de un Estado que se hace cargo de todo es complementada con la de una lista de variados actores sociales que deben asumir responsabilidades. El enunciado "es imprescindible que sea el Estado quien controle este asunto de la mediación, porque alguien lo tiene que hacer" (entrevista, mediador no abogado), convive con el de "no le podemos dejar todo al Estado" (entrevista, mediador no abogado). El segundo tiene su fundamento:

> es un lugar común del inconsciente colectivo el que todas las soluciones deben provenir del Estado; y esto es un gran obstáculo que impediría recuperar el tejido social. Sin duda el Estado tiene una responsabilidad grande en la mediación, pero sólo serán viables si éstas se enraízan en la comunidad (Barbosa y Magris, 1999: 34).

La construcción de un sentido de Estado es volátil y se modifica según cuál sea el tópico. El Estado es conceptualizado como un núcleo concentrado de coordinación: para el establecimiento de reglas en el caso de los mediadores que operan en el ámbito de la mediación pública; para el financiamiento en el caso de los mediadores privados. La autoridad estatal tiene un sentido claramente diferente en cada grupo de actores.

Por otra parte, en el momento de indagar posibles responsables de lo que funciona mal, la noción de los mediadores públicos se modifica y la concentración se transforma en una dispersión de culpas. Por el contrario, los mediadores privados mantienen en la figura del Estado la concentración de la solución de los problemas. Las distintas definiciones conviven y se articulan en los discursos de quienes representan la mediación.

¿A quién le corresponde el Estado y a quién no?

Otro importante plano en donde se define la imagen que los actores mediadores tienen sobre el Estado, es articulando un sector usuario de ese Estado, el *para quién* del mismo.

Rápidamente recordemos que en Córdoba existen dos tipos de centros dedicados a la mediación extrajudicial. Por un lado, los centros públicos, que dependen del Poder Ejecutivo de la provincia y, por otro lado, los centros privados que pueden funcionar en instituciones públicas o en ámbitos privados propiamente dichos. Ambos habilitados, controlados y supervisados por un organismo del gobierno de la provincia: el PROMARC (Programa de Métodos Alternativos para la Resolución de Conflictos),[2] autoridad de aplicación de la Ley Provincial de Mediación. Este programa del gobierno fija las políticas a desarrollar en materia de mediación en todo el territorio provincial; promueve y difunde los métodos, elabora los programas y proyectos respectivos y controla el funcionamiento de la actividad.

Todas estas experiencias existen dentro de la órbita estatal: desde allí son promovidas, organizadas, ejecutadas y evaluadas las mediacio-

2 Como dijimos al inicio, así funcionaba en el año 2006. Actualmente es Dirección de Métodos Alternativos para la Resolución de Conflictos —y no Programa—, y también funciona dentro del ámbito del Poder Ejecutivo Provincial (Ministerio de Justicia).

nes. Es por esto que nos referimos a la mediación como una experiencia de coordinación social promovida desde el Estado: aunque se denominen *extrajudiciales* no son completamente *extraestatales*. Esta distinción generó profundos contrapuntos durante la discusión del proyecto de ley.[3] Actualmente, es uno de los temas no resueltos que se plasman en diferencias respecto a las preguntas fundamentales de qué le corresponde a lo público y qué a lo privado. O como sostiene Donzelot (1991), cuál es la agenda y cuál la no agenda del Estado. Y la diferencia se corresponde con las voces de los operadores en el sector público y los operadores en el sector privado.

En su letra original, la preocupación de los legisladores era "poner este instrumento al alcance de todos los sectores sociales, pero particularmente de los que hoy quedan al margen del sistema judicial generando una fuente de malestar y conflictividad social" (Diario de Sesiones Cámara de Senadores de la Provincia de Córdoba, núm. 14, 2000: 1104).

Se reconoce la generalidad del proyecto pero se marca un sesgo hacia los posibles favorecidos destinatarios. Recordemos, además, que la discusión legislativa básicamente era sobre la mediación pública (judicial y extrajudicial pública). Pero una vez ya la mediación hecha práctica, dos son las ideas sobre el ámbito de competencia y alcance del Estado en cuanto a sus destinatarios. Por un lado, a la mediación en el sector público se le atribuye una jerarquía superior a la desarrollada en el sector privado. Esta superioridad no estaría dada por el tipo de personas que allí trabajan, ni por el tipo de casos que receptan, ni por los resultados, ni por nada que tenga que ver con el proceso de mediación en sí. La diferencia se construye sobre la misma idea de lo público por sobre lo privado con la que se manejan los operadores de la mediación. Desde esta perspectiva, entonces, "el Estado entiende que a ninguna persona puede decirle que no";[4] el Estado es para todos.

Luego, no sólo que cualquier ciudadano no estaría impedido para utilizar un servicio del Estado, sino que desde esta visión lo preferiría porque "no es lo mismo recurrir a un centro privado que a uno público. A la gente común lo público le da confianza, le da la sensación de estar

---

3 Véase el anexo *La trayectoria legislativa de la mediación en la provincia de Córdoba*.

4 Justamente esta es una expresión de un mediador de un centro de municipal de mediación, pero que por ley, tiene la denominación de centro privado.

dentro de un sistema" (entrevista, mediador abogado). Esta idea no se reproduce para el ámbito privado. Es más, se pone como ejemplo el desprestigio de la mediación en otras provincias justamente por el hecho de estar delegada al sector privado.

> En el centro público, una persona entra a un edificio público, ve alguien de saco y corbata, y no sabe si es el ministro de justicia, el secretario, o el doctor; pero cree que si tiene saco es alguien importante. Esa persona no sabe muy bien quién es quién. Pero piensa "éste es un funcionario". Hasta nosotros mismos cuando vamos a un hospital y vemos alguien vestido de blanco pensamos que es el médico, aunque sea el chofer de la ambulancia; todos los que están de blanco son médicos (entrevista, mediador abogado).

Esta es la interpretación del imaginario público que tienen los mismos operadores estatales.

En cambio, la versión del alcance y límite del Estado es diferente para los encargados de los centros privados. Aquí se restringe el ámbito y en consecuencia el público destinatario. Para los mediadores privados el Estado debe estar a cargo, pero organizando y filtrando los casos que corresponden a un lado o a otro. El problema es económico: el filtro —desde el punto de vista de los mediadores privados— debería ser el que distinguiera aquellos casos que pueden acceder económicamente a un centro privado de los que no. Es evidente que los privados no llegan nunca a ver satisfechas estas expectativas respecto de la selección de casos. La práctica responde más bien a las pretensiones de los mediadores públicos: el Estado no filtra ni casos ni personas que puedan pagar un centro privado.

Al mismo tiempo, los privados sostienen que algunas cuestiones sí o sí les corresponderían a los centros públicos. Así, ubican temas *exclusivos para el Estado* como por ejemplo los asuntos comunitarios y los barriales: "los centros públicos deberían existir para cuestiones de crisis de la sociedad y que el resto de la gente tuviera la tranquilidad de poder recurrir a un centro privado" (entrevista, mediador abogado). Este discurso sobre el papel del Estado para decidir a *quién le corresponde qué* es elaborada por los mediadores del sector privado y funciona de la misma manera que la referencia a la autoridad del Estado en las cuestiones presupuestarias. La responsabilidad y tareas que estos actores privados esperan del Estado no es un concepto previamente definido sobre lo público, sino una idea elaborada a propósito del poco éxito de la mediación privada. La gran crítica que este grupo tiene para con el Estado se articula en una idea del Estado sólo para los "pobres"; para el resto lo privado. Para este conjunto de mediadores al Estado le correspondería "intervenir trazando políticas de difusión y dedicarse a ese sector de la población que no tenga otra cosa. Ya que sólo debe ser gratis para la gente careciente" (entrevista, mediador abogado). Sostienen que desde el Estado y especialmente desde el Poder Ejecutivo no se ha trabajado bien como política pública la mediación y que hay demasiada improvisación, pero —argumentan— ésta es una característica del país, Córdoba no es la excepción.

Aunque los mediadores no son empleados públicos —su sueldo no proviene de recursos del Estado sino de los usuarios del programa—,[5] la mediación pública y privada es comparada con cualquier otro servicio que al mismo tiempo es ofrecido por el Estado y por el mercado. Igual que la salud y la educación, por lo tanto "siempre habrá opciones para elegir entre un sistema y el otro. Sin embargo, lo privado tiene una ventaja sobre lo público: da más privacidad" (entrevista, mediador abogado). Para los privados la mediación es como un servicio que se puede comprar si se tienen los medios o un bien público que puede obtenerse gratis. Pero tiene un rasgo que la hace diferente, y con el que los mediadores ironizan: la mediación, como sistema, es sostenida por los mediadores en tanto agentes privados. Es como si concibiéramos un sistema público de salud mantenido económicamente por los médicos, o uno de educación sostenido por los maestros. La mediación no se cae porque son los mediadores quienes la sostienen. Sin ellos, perecería el sistema.[6] Los motivos por los que estos actores se mantienen en estos lugares más allá de la poca rentabilidad de su tarea, es una cuestión que pasa por las motivaciones que provoca la vocación.

---

5 Sólo los mediadores que funcionan como coordinadores del centro público y de los centros de los municipios tienen salarios provistos por el Estado.

6 Parafraseando lo expresado en una entrevista a un mediador abogado y en otra a un mediador no abogado.

Una vez más encontramos dos sentidos otorgados al Estado que se corresponden con los actores públicos y privados. Estas diferentes percepciones, imágenes e ideas en conjunto son piezas que sirven para articular una noción de Estado en la mediación. En ellas es reproducido pero desafiado como una institución vertical y homogéneamente establecida. Las prácticas así como las imágenes nos muestran un panorama en el que el límite entre el Estado y el no Estado es flexible y no siempre claro, la imagen es dinámica, heterogénea, contestada. Vemos varias imágenes en disputa por la definición del Estado: por un lado la de los legisladores, para quienes la importancia de definir este concepto reside en que al mismo tiempo, también, se definen a ellos mismos como actores de la política entendida en el más clásico sentido de la idea. Por otro lado los mediadores, quienes entre ellos tampoco presentan una imagen cerrada y homogénea. El Estado es definido según los problemas a los que se estén refiriendo. Así convive la idea de un Estado que debe ser la autoridad para establecer las reglas con la de uno que sólo debe limitarse a garantizar los recursos para que la mediación funcione. Al Estado se le atribuyen expectativas diferentes y contradictorias.

Público y privado. El papel de lo técnico paraestatal en el modelo de gobierno de la mediación

El cuerpo de mediadores es uno de los componentes fundamentales del proyecto moralizador de la mediación. Como vimos en el capítulo anterior, el papel de los profesionales que tienen a cargo la puesta en funcionamiento del programa, se define alrededor de dos grandes tópicos. Uno de carácter moral vocacional que manifiesta la representación de la transformación social. Y el de la profesionalidad y la técnica de la mediación. Estas dos caras en aparente tensión se funden y construyen una imagen sobre quiénes son los mediadores y cuál es su papel en la mediación. Pero analizando las prácticas organizativas, existe una relación entre esta representación de los mediadores y el proyecto más amplio de gobierno. Es decir, más allá de la autopercepción de los mediadores como los encargados de lograr los objetivos del programa, es necesario analizar cuál es la relación entre este conjunto de agentes en su totalidad con el gobierno de lo social, en particular con el proyecto moralizador que conlleva la mediación.

Los expertos técnicos y el gobierno

Foucault y otros autores resaltan la importancia de la relación que existe entre el conocimiento, las disciplinas y la experiencia profesional con el poder y el gobierno (Burchell, Gordon y Miller, 1991; Barry, 1996). Así, una característica de esta racionalidad de gobierno o *gubernamentalidad* es el entrenamiento de expertos con conocimiento técnico y exclusivo. De esta manera, el gobierno se asienta sobre una red de conocimiento desarrollada por expertos. Ya vimos que la mediación es un programa de gobierno que sustenta gran parte de su potencial moralizador en la técnica de un conjunto de actores expertos; a ellos les delega poder y autoridad en relación con un rango de objetivos sociales con el fin de desarrollar en los ciudadanos la aspiración de conseguir su propia civilidad, bienestar y progreso.

La particularidad del papel de los expertos en el marco de análisis de los autores mencionados es significativa, porque con ello explican una racionalidad de gobierno neoliberal: a través del poder de la verdad atribuida a estos expertos, eventos y personas pueden ser gobernados *desde lejos*; la regla política no establecería ella misma las normas de las conductas individuales, sino que instalaría y fortalecería una variedad de profesionales, invistiéndolos de autoridad para actuar como expertos en los dispositivos del gobierno de lo social. Rose explica que "el gobierno liberal avanzado depende de los expertos conectándolos dentro de tecnologías de gobierno en un modo que se de-gobernamentaliza el Estado y se de-estatizan las prácticas de gobierno" (Rose, 2006: 147). Lo específico de este modelo es desligar la autoridad de los expertos del aparato de gobierno político y reubicar a los primeros en un mercado gobernado por racionalidades de competencia y demanda de consumo. La consecuencia sería una manera de gobernar, no a través de la sociedad como lo haría el Estado bienestar, sino a través de elecciones reguladas de ciudadanos individuales, ahora construidos como sujetos de elecciones y aspiraciones de autorrealización y autocumplimiento. Los expertos se distribuyen por fuera de la órbita público-estatal, y desde allí e investidos de autoridad intervienen lo social.

Mucho tiene el modelo de mediación de esta manera de operar del gobierno. El papel del conocimiento experto y la técnica para la resolución de conflictos en primer lugar. La mediación es un método que implica una técnica. Ésta es aplicada para intentar acuerdos entre personas que tienen algún problema entre ellas. A su vez, la mediación quiere transmitir un tipo de conocimiento y actitud en las personas en los cuales la responsabilidad y la autodeterminación son dos componentes fundamentales. Es decir, es necesario darles a las personas las herramientas para que sean ellas mismas y por su propia cuenta las que puedan gobernarse. En esto consiste el contenido moral que la mediación quiere implantar. No se trata de gobernar directamente sino a través de sujetos responsables.

Con estas características nuestro caso de mediación tendría en principio algunos puntos de contacto con este modelo de la gubernamentalidad neoliberal. Sin pretender adaptar el modelo teórico a nuestro caso, es interesante tener como marco de referencia estos argumentos, porque sin duda son elementos que suman en la definición del concepto de Estado en la mediación. Además, sostenemos que la original o particular implicación de actores privados y públicos en la mediación hace más compleja la lectura que ha adoptado el gobierno de la sociedad con la mediación. La forma en que la mediación en Córdoba convoca a actores públicos y privados expresa un modelo que no es completamente público, pero tampoco uno que delega todo el poder en expertos privados. En el análisis de las prácticas se advierte que no es posible poner a funcionar el modelo como se previó en la ley. A continuación intentamos argumentar esta afirmación.

La organización de la mediación extrajudicial

Para entender la importancia de los mediadores como expertos es necesario trasladar la mirada desde los sujetos mediadores hacia la estructura organizacional que los soporta, y en definitiva a las prácticas que adopta. Y esto porque es allí especialmente donde puede hallarse información para determinar cómo la mediación es un modelo de moralización público o privado. Los sujetos mediadores como tales e independientemente del andamiaje organizacional, no constituyen un plano apropiado para desentrañar el juego de lo público y lo privado. Más bien, son piezas que se desplazan constantemente entre uno y otro ámbito, entre lo público y lo privado, lo judicial y lo extrajudicial. Hay un lugar que los define porque es el ámbito en el que desarrollan primordialmente su actividad, pero esto no significa un lugar de pertenencia excluyente. Es por esto que para analizar el papel de los técnicos en el límite de lo público y lo privado debemos hacerlo desde el plano organizacional, es decir, los centros de mediación.

En un plano organizacional la ley prevé para la mediación extrajudicial dos tipos de centros: los privados, que son "todas las entidades unipersonales o de integración plural dedicadas a realizar la actividad mediadora, implementar programas de asistencia y desarrollo de la mediación y formación de mediadores" (Ley provincial de mediación 8858, artículo 44), los cuales dependían del PROMARC para su creación, habilitación, controles, etcétera. Uno de los requisitos para la habilitación es que la mediación pueda ser realizada en estos locales de manera independiente de otras actividades profesionales o comerciales. Esta previsión pretende jerarquizar el ejercicio de la mediación como disciplina autónoma, impidiendo que su práctica se subordine a la de otras profesiones; por ejemplo, que en un *bufete* de abogados la mediación se realice como actividad secundaria.

La ley sólo creó *un* centro público provincial de mediación (luego se habilitó un centro público por cada ciudad) dependiente del Poder Ejecutivo y que funciona en la órbita del Ministerio de Justicia. Este centro público desarrolla programas de asistencia gratuita para personas de escasos recursos.

La ley parece mostrar precisión, pero ésta sólo es aparente porque cuando se analiza el mapa de los centros extrajudiciales que están en funcionamiento, los centros no pueden clasificarse de manera tan simple como públicos o privados. Esto sí puede hacerse por referencia a la ley y saber exactamente cuál es un centro público y cuál uno privado. Pero hay detalles que enturbian esta distinción. Existe un tercer tipo de centro, que aunque su denominación legal sea *privado,* no lo es porque se trata de una institución pública. El caso que más disonancia provoca es el de los centros que funcionan en las municipalidades de Córdoba y de Villa María, ambos son centros privados. Pero, también, una variedad de instituciones públicas como la defensoría del pueblo o la obra social de los jubilados, albergan centros que se denominan privados. Y se denominan así porque la ley establece que sólo debe haber *un* centro público que coordine a los demás, y los otros son privados más allá de la institución que lo haga funcionar o lo aloje. La distinción público/privado de los centros es arbitraria. O no queda claro cuál es el criterio.

Si se compara a la mediación con cualquier otro servicio otorgado por el Estado y al mismo tiempo por el mercado, como por ejemplo la salud, cabría esperar que la diferencia entre los centros públicos y los privados sea el costo: aquí la gratuidad define lo público, lo privado queda reservado para los que puedan afrontar los costos que esto genera. No es esta la lógica de la mediación. El criterio de la gratuidad y el costo se relativiza y pierde nitidez en esta distinción. Las mediaciones que se realizan en el centro público tienen un arancel, excepto aquellos casos que lleguen con el beneficio de litigar sin gasto o los que puedan demostrar no solvencia económica.[7] Y los centros privados que funcionan en instituciones públicas, especialmente los centros de los municipios, son exclusivamente gratuitos.[8]

En el modelo de gubernamentalidad neoliberal, el Estado cede a lo privado no sólo la autoridad sino la exclusividad para la generación y aplicación de los esquemas de regulación moral de la sociedad. La mediación no delega este poder en forma completa, sino que en él el Estado permanece como el centro jerárquico, porque es ante él ante quienes los demás actores deben *rendir cuentas* de lo realizado. Es decir, delega pero no completamente.

¿Monopolización de la mediación?

Ahora bien, esta originalidad con que se catalogan como privados o públicos es fundamental en otro sentido. Un detenimiento en el análisis de cómo se distribuyen las tareas y autoridades entre actores públicos y privados es una posible muestra de cómo el Estado queda ubicado jerárquicamente como el *actor* a quien le compete el monopolio de la mediación.

El modelo que Rose nos presenta describe cómo la gubernamentalidad liberal, para avanzar, se vale de expertos técnicos que funcionan en el ámbito privado y que consiguen un modo indirecto de gober-

7 Luego esta excepción se convierte en lo común.

8 Un mediador de un caso gratuito en el centro público no cobra nada por el servicio ofrecido. Un mediador en el centro privado de la municipalidad cobra un sueldo.

nar moralmente a los ciudadanos. La mediación insinúa crear, también, esta arena de expertos técnicos que operen en el ámbito privado y así lo establece la ley al habilitar centros privados de mediación extrajudicial. Posicionándonos en un plano completamente de diseño legal, la mediación distribuiría el papel moralizador entre los centros públicos y privados, entre el Estado y el sector privado. No delega exclusivamente a los expertos para que operen en el ámbito privado y "gobernar a la distancia", pero sí reparte atribuciones. Mas si del plano legal nos movemos hacia el de la práctica de la mediación, lo que sucede es que es el Estado el que se queda con la mayor parte de la mediación: basta echar una mirada a los datos para convencerse de que los únicos centros extrajudiciales que tienen un movimiento constante de casos de mediación son el centro público y los centros privados que funcionan en las sedes del gobierno municipal.[9]

De esta manera original en que la mediación organiza lo público y lo privado se deduce que el movimiento más fuerte de la mediación extrajudicial pasa por el Estado, por lo público. Él se queda con todo. Luego, es el Estado el que se reserva para sí —o al menos al que le queda después de haberse movido las piezas— la tarea de la mediación. "En Córdoba lo único que se media, y eso lo pueden decir los que están al frente de la extrajudicial pública, es lo que se medía en el centro judicial, lo demás no existe. O sea no existe porque no hay casos [...]" (entrevista, mediador abogado).[10]

¿Qué lecturas posibles pueden realizarse de esta situación en la que es el Estado el que finalmente se queda con el *monopolio* de la mediación? Creemos que este monopolio es un efecto no deseado de la ley, y probablemente sea el resultado de la falta de previsibilidad de mecanismos que tal vez podrían haber estado incluidos en la ley. Lo cierto es que si es el Estado el que concentra la actividad de la mediación es porque ella funciona con la cláusula de la obligatoriedad o, en su defecto, del sistema de autoabastecimento de casos que funciona entre las mismas dependencias

---

9 Ingreso de casos 2004 en sede extrajudicial: PROMARC 40%; Centro de Mediación Comunitaria de la Municipalidad de Córdoba 29%; todos los demás centros de Córdoba 31%. Disponible en línea en: <http://www.cba.gov.ar/vercanal.jsp?idCanal=31280>. Véanse también los datos proporcionados en la introducción de este estudio.

10 Este entrevistado es coordinador de un centro privado.

estatales. Lo que veremos en el próximo capítulo es que justamente este punto constituye una de las muestras más evidentes de la dificultad de la moralización. Pero en este momento del análisis nos interesa indagar sobre cuáles son los argumentos a los que los actores recurren para explicar esta falta de acoplamiento entre el diseño de la ley y la práctica de la mediación, que lleva a que la gran parte de la actividad se concentre en el ámbito del Estado.

La explicación de los actores acerca de la primacía de lo estatal

Este rasgo que adquiere nuestro programa de mediación queda muy claramente demostrado no sólo en las estadísticas sino en las voces de los mismos mediadores. Los centros privados propiamente dichos prácticamente no reciben casos. A partir de la reconstrucción de los relatos de los actores involucrados, reconstruimos dos interpretaciones.

Público es igual a legitimidad. Por un lado, una lectura que deja caer el peso de la explicación en una especie de legitimidad automática que el Estado tiene sobre lo privado por el simple hecho de serlo, no por algún valor agregado durante el proceso. Esta lectura es la que sostienen principalmente los encargados de los centros públicos y estatales. Esta explicación reconoce que no todo tipo de mediación (la privada) es exitosa, y sitúan la dificultad en un prejuicio de la sociedad que la llevaría a rehusar lo privado.

Así, una de las lecturas que explican por qué finalmente es el Estado el que se queda en la práctica con la exclusividad de la moralización es aquella que atribuye este esquema de funcionamiento a un modo de responder por parte de la sociedad, en el que es la gente la que elige lo público sobre lo privado. Es decir, sólo los centros que funcionan en el ámbito del Estado son los que realmente funcionan, porque las personas jerarquizarían lo público sobre lo privado en la búsqueda de opciones para resolver sus conflictos. Esta respuesta queda corroborada con las percepciones de los mediadores que están a cargo de los centros de las instituciones públicas.

> El problema de los centros privados podría ser una cuestión económica. Muchas veces los centros privados se enojan, pero si yo como per-

> sona puedo ir a un centro gratis en donde es la misma gente que hace la mediación, no hay diferencia de calidad, ¿dónde voy?, claro que al gratuito. El de la municipalidad funciona porque la municipalidad es pública, no necesita difusión porque es de la gente, la gente la conoce. Son medios masivos de concurrencia. Si en PROMARC se presenta una persona que no tiene siquiera un peso, no le cobran; pero de todos modos PROMARC no tiene movimiento, tiene unas oficinas espectaculares pero no tiene gente. No sé por qué no tiene casos si podrían ser gratis. No sé por qué es así. Nosotros vemos que se hacen algunas mediaciones pero ... la municipalidad tiene 1500 y pico casos, y hace dos años que funciona (entrevista, mediador abogado).

Ésta es una autojustificación de los que tienen a cargo los centros que realmente funcionan. Sin embargo, más allá de estas percepciones no es posible afirmar (con muchos argumentos) que las personas realmente "elijan" un centro público. Por el contrario, más bien los argumentos que pueden esgrimirse indicarían lo contrario: porque, por un lado, la gente "no elige" el centro municipal a causa de que es público y prefiere al Estado.[11] Por el otro, es la misma municipalidad una fuente de autoderivación de causas. Por lo tanto, la gente no elige el centro municipal para que el Estado resuelva sus conflictos, sino que la fuente derivadora de conflictos es la municipalidad, y otras agencias estatales.

> Yo tuve entrevista con el auditor, le dije que mandara, pero no manda ni un caso. Yo sé que al auditor llegan muchos casos que él deriva al centro de la municipalidad que es un centro privado, y que está pagado por la propia municipalidad. Son pocas las mediaciones que hay, a veces en el año cinco o seis porque todos los deriva a la municipalidad. Porque tienen la misma camiseta política. Hay un compromiso de mandarlos para allá. Yo lo veo espantoso, ¿por qué no mandarlos al centro público?, y bueno, no se puede hacer nada (entrevista, mediador abogado).

> La gente va a [la Dirección de] Obras Privadas por un problema de medianera. De allá los mandan a mediación. Es gente que a lo mejor no conoce la mediación pero van a preguntar, que tienen un proble-

11 Aunque sean los centros con más movimiento, tampoco funcionan tanto como se esperaría.

> ma, que adónde voy, entonces en las oficinas de los CPC [Centro de Participación Comunal] ya tienen un esquema de lo que es la mediación. Se trabaja bastante con los enviados por los departamentos de la municipalidad (entrevista, mediador abogado).

La opción de que la gente *elige* el Estado para explicar por qué los centros que funcionan en ámbitos estatales son los que definen los caminos de la moralización, no es satisfactoria. Es una explicación que no se sostiene.

El problema es de la ley: esta versión de la interpretación de por qué la mediación que funciona es la que se organiza dentro del Estado, pone énfasis en el diseño institucional y legal y los nudos problemáticos que esto genera. Este argumento principalmente es sostenido por los actores en desventaja, esto es, aquellos a cargo de los centros privados. Sostienen que si lo único que funciona en la mediación es lo público, es porque la ley no habilita o no crea las suficientes condiciones para que sea de otra manera. En definitiva, la ley establece un modo de funcionamiento que hace imposible pensar que la medicación extrajudicial privada podría emerger. Pero la explicación de los mediadores privados subraya una cuota de premeditación que llevó a un resultado completamente deliberado, en donde hubo una clara intención de perjudicar a los actores privados. Esta explicación la encontramos en varias fuentes:

> Hay que reconocer, por ejemplo, a quienes han puesto en el centro de mediación judicial al miembro del Tribunal Superior que más imagen pública tiene, la doctora Cafure. Ella es la coordinadora del Centro Judicial de Mediación. Es muy fácil ver cómo desde lo institucional ya está desequilibrado: una [la judicial] miembro del Tribunal Superior, aquella otra [la extra] programa de una subdirección[…] Que además tiene pocos recursos, no hubo una buena difusión del ejecutivo[…] por eso nosotros como centro privado tenemos tantos problemas para sobrevivir… tenemos un arancel anual que ya no podemos pagar, es de 250 pesos cuando no sé si llegamos a tener una mediación al año. O sea no existe la mediación privada" (entrevista, mediador abogado).

No sólo los mediadores de los centros privados argumentan lo que ellos llaman una *intencionalidad manifiesta de que las cosas sean como son.*

En el debate legislativo también se reconocía en su momento que la ley creaba funciones propias y ajenas al Ministerio de Justicia —el Centro Judicial— y esto colocaba en una clara desventaja a los distintos centros como los de los colegios profesionales, que hoy aspiran a poder ejercer la mediación (Diario de Sesiones Cámara de Diputados de la Provincia de Córdoba, 1999). Este sesgo hacia lo público es tal que en el último proyecto que el Poder Ejecutivo envió a la legislatura para la sanción definitiva de la ley, indica que "las normas alternativas para la resolución de conflictos, si bien constituyen una modalidad nueva para el ejercicio de la función jurisdiccional clásica, persiguen idéntico fin, es decir, la resolución de conflictos interpersonales en el marco de las estructuras normativas del Estado" (Veto del Poder Ejecutivo. Archivo de la Ley 8612. Legislatura provincial. Córdoba, 22 de julio de 1997. Folio 2). Claro que para ellos en ese momento el Estado era el Poder Judicial, no el Ejecutivo.[12]

Esta segunda interpretación del problema otorga a la ley la capacidad para "determinar situaciones". En ese caso tendríamos que aceptar que el modo en que la ley dispone el ordenamiento de actores y poderes es el elemento fundamental para que sea el Estado quien se haga cargo de la moralización. Esta explicación —que piensa el problema como una cuestión calculada e intencional— forma parte del repertorio de explicaciones de los mediadores privados.

Pensemos los posibles alcances o implicaciones de esta explicación que encontramos en los mediadores privados sobre el porqué la mediación queda concentrada en el ámbito estatal. Tenemos algunos elementos para sostener que el proceso legislativo de la ley de mediación fue aquel en que se evidenciaron luchas por espacios y definiciones de fuerzas entre los diferentes sectores del gobierno y no aspectos sustantivos de la mediación.[13] La multiplicidad de voces y perspectivas desde el comienzo son muestras de una falta de claridad respecto a los fines y objetivos. Lo que encontramos es una tensión, una disputa por una definición de la idea Estado. El estudio de la idea de Estado y de las prácticas estatales nos permitió ver un grado de incoherencia, de frag-

---

12 La discusión sobre las competencias del Poder Judicial y del Ejecutivo para convertirse en autoridad de la mediación es un tema que se desarrolla en los anexos.

13 Esto se explica en detalle en los anexos, en el análisis del proceso legislativo.

mentación, que difícilmente puedan conciliarse con una explicación que sostenga que los males de la mediación "fueron deliberadamente diseñados y planeados".

Pero principalmente creemos que quedarnos con la idea de que todo responde a una maquinada decisión de los actores que decidieron en la ley o a un exclusivo problema de diseño legal, es una decisión problemática y debe ser tomada con extrema cautela. Por un lado creemos que el *monopolio de la mediación en el ámbito del Estado* no es resultado de una conspiración en contra de los privados, sino un efecto no deseado de la ley de mediación. Y este efecto no deseado probablemente sea una resultante del carácter indeterminado de la producción legal. Todo proceso de producción legal lleva implícita una cuota de imprevisibilidad y de indeterminación. La ley *termina de hacerse en el terreno.* Esto es algo que difícilmente pueda ser eliminado en un proceso de creación legal. Pero al mismo tiempo, dejar caer el peso de la explicación de los yerros de la mediación en su texto legal, y en las condiciones de su producción, no es un argumento que llegue al fondo del problema ya que excluye el problema de la moralización. El problema no reside de manera estricta en la ley, sino en que ella deja demasiados espacios en blanco que luego son llenados con otros contenidos, y es allí donde se gestan los mayores problemas. Sobre estos puntos profundizamos en el siguiente capítulo.

Inconsistencias e imposibilidad de la moralización

Este capítulo en parte retoma una discusión que surgió en el capítulo anterior sobre los aspectos que contribuyen a generar el frágil estado de situación en el que hoy se desarrolla la mediación en Córdoba. Aquí trabajaremos algunas otras inconsistencias inherentes a la mediación que terminan generando profundas tensiones que cuestionan seriamente la posibilidad de encarar un proyecto de moralización.

El capítulo entero se desarrolla contra el fondo de la pregunta si las deficiencias de la mediación pueden leerse como efectos no deseados de la ley de mediación. Es decir, pretendemos indagar si los problemas de la mediación podrían corresponder al nivel de incertidumbre en la aplicación de la ley —que necesariamente hay que aceptar como elemento fundamental de la experiencia de elaboración de leyes—, o si en cambio corresponden a otro orden de problemas.

El análisis de los principales escollos de esta institución nos llevará a sostener que no podemos cargar el peso de las fallas de la mediación en este problema. Si nos quedáramos con ese argumento perderíamos de vista otros aspectos profundos e importantes que definen la mediación en Córdoba y en los cuales habría que reparar para la explicación de por qué la mediación, tal como se la plantea en Córdoba, no es exitosa. Es decir, la *indeterminación del derecho* sólo explicaría una parte de las dificultades; el resto se explica a partir de una dificultad relativa a los propósitos y fundamentos de la mediación, esto es, la moralización.

La primera parte del capítulo presenta la manera como se construyó en el momento del debate legislativo una idea que, alertando sobre las probables dificultades de poner en marcha una nueva institución, resaltaba la necesidad de no pensar el proyecto en abstracto y por fuera de los rasgos y costumbres de la sociedad. La concordancia entre el texto formal y abstracto de las leyes y las formas de la sociedad, fue un punto reconocido por los legisladores como un aspecto fundamental del significado de "la buena ley". Y lo expresan en términos problemáticos advirtiendo el riesgo de una "mala legislación". La manera en que se planteó este problema conforma una idea acerca de cómo se espera que "funcione" la ley en la sociedad, cómo y qué se prevé en el momento de la elaboración de la ley para que la "sociedad responda en la forma esperada". Los relatos de los mediadores y legisladores son la fuente para dar forma a esta idea.

Los dos apartados siguientes tratan temas que, además de ser cruciales para la fragilidad de la mediación, también fueron decisivos en el planteamiento de divergencias en los posicionamientos en la etapa prelegislativa. Nos referimos a la voluntariedad y/u obligatoriedad, por un lado, que genera lo que aquí llamamos el problema de la paradoja de la voluntariedad de la mediación, y la inevitable manera en que el derecho se hace presente en el interior del proceso de mediación.

No obstante haber sido identificados por los mismos creadores del proyecto como puntos nodales problemáticos —al punto de poner en duda la institución completa—, no resolvieron de manera completamente satisfactoria si lo evaluamos por cómo estos puntos debilitan actualmente la institución de la mediación.

La ineludible relación entre la ley y la sociedad

La mediación es un programa de gobierno que proyecta un área para ser regulada y es una institución regulada por ley. Queremos reconstruir en estas páginas cómo —especialmente los legisladores pero también los mediadores— construyen una idea de la ley y especialmente de la relación entre ella y la sociedad. Cualquier orden social diseñado o planeado desde una instancia legislativa, es necesariamente esquemático y, por lo tanto, ignora rasgos esenciales de los *órdenes reales en funcionamiento*. Este es un problema que ha sido ampliamente señalado y estudiado; por ejemplo Sousa (1991) lo describe en términos de problemas de *escala* y así se refiere a la no coincidencia de la relación entre la distancia en el mapa y la correspondiente distancia en el terreno. También nos hemos referido a éste como el problema de la indeterminación del derecho (Azuela, 2006).

Una de las características fundamentales a la que se le atribuyen los defectos de muchos proyectos legislativos, es el modo de proceder en abstracto sin tener en cuenta la sociedad para la que esos proyectos están siendo diseñados. Chakrabarty lo dice de una manera en la que no quedan dudas: "la ley funciona siempre con un método que abstrae y sintetiza identidades y no permite la alteridad radical del otro. En todo momento la ley se basa en una idea abstracta, general y homogénea acerca de los ciudadanos, los deberes, los derechos" (Chakrabarty, 2002: 113). La consecuencia más inmediata de esta manera de operar la legislación moderna es que termina siendo deficiente o tiene serios problemas en la intervención social para la cual es diseñada.

Este tema nos posiciona frente a la pregunta acerca de la capacidad que tiene una norma o una ley o el derecho en general de *determinar* una realidad social.[1] Pensando este problema desde el interior del proceso de producción de la ley de mediación, nos preguntamos: ¿cómo el problema del alcance de la norma para generar un cambio social fue procesado en el ámbito del debate de la mediación?; ¿cómo los encargados de la hechura de la ley incorporaron este problema?; ¿cómo y de qué manera entró *la idea de la sociedad* en el proceso de reglamentación de la mediación?

Pero antes de adentrarnos en la discusión sobre nuestro caso, y dado que nos vamos a referir a la ley y a la sociedad, comencemos primero planteando dos de las posiciones conceptuales que definen el estado de este debate. Una sostiene que *el derecho es independiente de la sociedad.* El derecho (como institución de regulación del orden social) es una estructura independiente y autónoma de los contextos sociales así como de los sujetos que lo conforman. Desde esta posición, el vínculo entre la institución jurídica y los sujetos que se van a regir por ella deja de lado cualquier reflexión acerca de las mediaciones que entre estas dos dimensiones puedan existir. Y sus enunciados prescriben acerca de la

---

1 En el capítulo anterior mostramos que no era aceptable recargar exclusivamente en la ley la explicación que los mediadores de los centros privados daban para entender por qué no es posible la mediación privada.

necesidad de esta autonomía. Dos, y en firme oposición a las corrientes conceptuales que destacan el carácter externo del derecho respecto de la realidad social sobre la que se impone, existe una línea de estudios que entiende que el *derecho es un elemento constitutivo de la realidad social* y no exclusivamente un aparato objetivo, externo, universal e independiente destinado a intervenir esa realidad.[2] Uno de los aspectos relevantes de esta diferencia entre la primera y la segunda posición, es que en la última las prácticas sociales concretas y cotidianas mediante las cuales las normas son percibidas como elementos constitutivos de la realidad social, se convierten en puntos de análisis relevantes. La falta de determinación completa del derecho emerge desde aquí como un dato que no puede ser eliminado de la producción del derecho, mucho menos de su estudio.

Ahora bien, ¿cómo se reflejaron estas dos grandes maneras de entender el derecho y su relación con la sociedad en nuestro caso de mediación? En los inicios del debate legislativo uno de los autores del proyecto sostenía que la mediación era un desafío para todos los que no conocían este nuevo sistema, por eso los poderes de gobierno debían difundirlo para "instalarlo en la sociedad de Córdoba y para ir paulatinamente adaptándolo a la idiosincrasia de este medio, a las exigencias de la gente que lo ve como nuevo" (Diario de Sesiones de la Cámara de Senadores de la Provincia de Córdoba, núm. 35, 1997: 2367). Asimismo, sostenían que eran ellos, los mismos legisladores, quienes debían encontrar el mecanismo más apto para instalar la mediación en la cultura jurídica, social y política de la comunidad.

En la discusión político-legislativa de la mediación aparece insistentemente una preocupación por las pautas culturales de la sociedad. En la defensa del proyecto de ley, la necesidad de adaptar el nuevo mecanismo a la sociedad era un aspecto relevante a tener en cuenta en el momento mismo de hacer la ley, y si se lograba, sería una fortaleza del proyecto, una perspectiva que si se la tomaba seriamente en cuenta garantizaría el éxito de la institución (mediación). Sin embargo, la presencia de la sociedad en la discusión legislativa fue un recurso utilizado ambiguamente tanto para apoyar así como para oponerse a la nueva institución, y en el

2 Nos referimos a los *Critical Legal Studies*, véase Juan Pérez Lledó (1995); o *Legal Conscious Studies*, véase Mauricio García Villegas (2003).

debate encontramos mociones que apoyaban las dos posiciones conceptuales señaladas acerca de la naturaleza del derecho.

Desde una perspectiva que podría identificarse con la capacidad del derecho para generar las condiciones necesarias para la aceptación de una norma, un grupo de legisladores argumentaba que si bien la mediación no era propia de la idiosincrasia del argentino ni del cordobés y no estaba *instalada en la cultura*, esto no era un obstáculo para no considerarla. Saber si la mediación sería buena o no, sólo era algo posible en la medida de su aplicación. Por eso la mediación debía ser voluntaria, así sería la gente misma quien decidiría si la mediación era o no algo bueno.[3] Los que apoyaron esta primera tesis confiaban de alguna manera en la capacidad de las normas escritas para provocar transformaciones en las mentalidades dominantes. Como sostiene Bergoglio (2004), quienes así optan creen en la posibilidad de inducir cambios en los valores y normas sociales respecto a lo jurídico por decisión parlamentaria. Esta concepción sobrevalora la capacidad de la ley para moldear la sociedad y no toma en cuenta los riesgos de los trasplantes normativos.

Desde la segunda perspectiva, la legalidad y las leyes en lugar de ser autónomas, comprenden una dinámica de construcción social, de manera que los enfoques causalistas y deterministas de la ley pierden poder (relevancia) explicativo. En su lugar emerge un concepto de derecho dotado de resultados contingentes que se derivan de la interacción de individuos e instituciones, cargado de elementos simbólicos que subrayan los aspectos culturales de la conciencia legal de los ciudadanos comunes: la ley es una práctica social que opera como marco interpretativo y un conjunto de recursos con el cual y a través del cual el mundo social (y la misma ley) es constituido. Las leyes son repertorios complejos de estrategias discursivas y parámetros simbólicos que estructuran el sentido de las prácticas y conductas. En oposición a una visión dogmática, la ley es un fenómeno caracterizado por el pluralismo, la indeterminación y la contingencia de las prácticas legales (García Villegas, 2003). Este tipo de miradas sobre lo legal-institucional tiene la ventaja de mostrar la complejidad y creatividad de los fenómenos legales en las esferas individual y colectiva, que antes eran vistas como elementos pasivos de regulación

[3] Esta oración parafrasea lo expuesto por la senadora Griselda Baldata, Diario de Sesiones de la Cámara de Senadores, núm. 35, 1997, p. 2359.

social. En definitiva, las leyes necesitan la consolidación de una cultura jurídica-legal que no sólo transforme la (in)formación acerca de las posibilidades sobre cómo manejar la convivencia, sino que imponga nuevos parámetros interpretativos de manera que modifique la visión tradicional que se tiene y se incorporen las posibilidades que la "nueva ley" prevé.

Con este argumento otro grupo de legisladores se dedicó a señalar las debilidades de la mediación y en este sentido decirle *no*. Esta posición planteaba la necesidad de un mecanismo que valorara la realidad a partir de la experiencia (por supuesto, ese mecanismo de prueba no era la mediación que se estaba discutiendo). Sólo entonces desde una experiencia previa, una prueba del sistema, se podría discutir un marco legal que correspondiera y se acoplara más y mejor a esa realidad antes que a los estudios teóricos típicos de las salas de comisiones legislativas. La confianza no estaba depositada en la norma, sino en un proceso práctico de uso y acostumbramiento. Porque el problema de *hacer* una ley de mediación era la falta de conocimiento sobre cómo iba a funcionar el esquema legal en el marco de la realidad social. Para los legisladores que apoyaban esta perspectiva era esta la actitud que debía adquirir el Estado para que la mediación fuera finalmente exitosa. Con este argumento se asumía la existencia de una senda de pasos y caminos apropiados para que los cordobeses aceptaran poco a poco la mediación como un medio pacífico de solución de sus conflictos: "la mejor de las ideas puede verse frustrada si nos equivocamos en el mecanismo de instrumentación, y del mismo dependerá el éxito o no que pueda tener la mediación en la provincia" (Diario de Sesiones de la Cámara de Senadores de la Provincia de Córdoba, núm. 35, 1997: 2357). Ésta era una forma de reconocer los límites que las costumbres y los valores imponían a los proyectos legislativos que implicaban cambios, en el caso de la mediación; modificaciones en las maneras de encarar los conflictos.

Si el problema más importante de una legislación que no contemplara en absoluto los rasgos de su sociedad fuera su condena al fracaso, *nuestra ley* estaría a salvo de este problema. El tema estuvo presente y en dos direcciones contrarias: para darle salida así como para frenar el proyecto. Al menos si sólo se tratara de la advertencia y el reconocimiento del problema estaríamos en presencia de una ley con la garantía de que funcionase. Los legisladores creyeron que reconociendo este problema la mediación estaría exenta de muchas inconsistencias.

Los legisladores tenían un supuesto firme: el entramado cultural y social de cada sociedad es un componente o variable central que podía modelar positiva o negativamente un diseño institucional. Por consiguiente, las consecuencias de un programa de reforma institucional dependían en gran medida del tipo de cultura política y del tipo de sociedad civil en el que se estableciera el proceso de reforma o de intervención política estatal. Esto es lo que sabían los legisladores. No obstante, hubo dos versiones distintas que apoyaron la importancia de la idea acerca de la ley como un constructo social y contextualmente determinado.

Por un lado, un grupo que aun reconociendo la dependencia o mutua correspondencia entre la ley y la sociedad otorgaron un papel preponderante al trabajo legislativo. Sí era importante y necesario tener en cuenta a la sociedad, pero esto era algo que debía planearse en un recinto legislativo; la formalidad de la ley debía tener en cuenta las particularidades de la sociedad cordobesa y esa era la forma de lograr un producto legislativo de calidad. La sociedad debía ser tenida en cuenta, pero en los papeles y dentro del recinto. La regulación de la mediación debe respetar las peculiaridades a fin de no correr el riesgo de ser letra muerta, un precepto sólo con vigencia formal pero sin inserción real en el transcurrir de la vida en comunidad (Barbosa y Magris, 1999).

Pero la regulación legal era necesaria y fundamental para este grupo porque "en Córdoba si no está en la ley, no existe. A través de la normatividad se tiende a generar una nueva normalidad; en este juego dinámico que caracteriza al derecho, a través de la normalidad se redefinirán los significados y alcances de la normatividad de la mediación" (Barmat y Rivero, 2001: 15).

Para este grupo de actores el cambio social era un proceso, y la mediación y el derecho instrumentos de ese cambio que deben ir adaptándose y reformulándose.

> Voy a ponerte un ejemplo de cómo funciona la cosa: yo filosóficamente estoy en contra de la ley de un cupo femenino [para la legislatura]. Lo cierto es que si no existiera, en la práctica no habría mujeres en los cargos, porque esta sociedad es machista. Si sacamos la ley de cupo hoy, mañana la próxima elección sería del 99 por ciento de hombres" (entrevista, mediador abogado).

El mensaje es muy claro: no es posible introducir un cambio social sin una norma, por lo tanto la sociedad importa, pero en los papeles y siguiendo a la ley. En definitiva, esta perspectiva termina siendo muy similar a la que señalamos primero: la norma es decisiva para generar un cambio social. Sin ella no hay posibilidad de modificar un estado de la sociedad.

Por otro lado, hubo otro grupo un poco más radical respecto a la necesidad de incorporar la idea de la sociedad antes de avanzar en lo normativo y legal. Estos otros discursos fueron bastante más críticos y contundentes en cuanto a la necesidad de *tener en cuenta a* la sociedad: sus costumbres, sus modos, su realidad. Se entendía que ese modo de proceder con la legislación, es decir cómo se piensa la relación del derecho y la sociedad, era muy propio del latino, por oposición al sajón.

> Advierto que los latinos nos distinguimos de los sajones en nuestro concepto de la ley. Y a pesar de que soy latino y me siento orgulloso de serlo en mi sangre y costumbres, debo reconocer que los sajones actúan con más habilidad. Los latinos vemos en la ley el punto de partida de las grandes transformaciones; les atribuimos a las leyes virtudes transformativas que habitualmente no tienen. Los sajones sancionan la ley cuando a través del derecho consuetudinario las disposiciones se han incorporado ya como un hábito colectivo" (Diario de Sesiones de la Cámara de Senadores de la Provincia de Córdoba, núm. 35, 1996: 2367).[4]

En definitiva, para este grupo de legisladores la ley se entiende como la puesta en marcha formal de hábitos previamente arraigados en la sociedad, y así creen que deberían generarse las leyes. Por lo tanto, creen que hubiese sido más lógico poner primero en funcionamiento aquellos mecanismos destinados a contribuir a la formación de un hábito cultural proclive a la mediación y después sancionar una ley que refleje la realidad que este procedimiento previo ha logrado. "La incomodidad se siente respecto a aceptar que el proyecto nazca al revés: que primero nazca la ley y que después hagamos la experiencia" (Diario

[4] Quien expresa esta frase es el senador Prudencio Bustos Argañaráz.

de Sesiones de la Cámara de Diputados de la Provincia de Córdoba, Tomo II, 1997: 784).[5] No quedaría desde esta mirada demasiado espacio para una postura optimista respecto a los resultados de la puesta en marcha de la mediación.

Este posicionamiento respecto a la ley y la sociedad no es exclusivo del debate legislativo. Los mediadores también se hacen eco de esta problemática y comparten estas ideas. El esquema para entender el asunto es muy claro:

> [...] si cambia la sociedad, empuja al Estado. La sociedad empuja al Estado. No es al revés. Es lo que dicen los especialistas de legislación: que ellos siempre van en la cola del cambio social. Quien está creando la situación para legislar es la sociedad. Entonces ellos vienen por detrás viendo cómo van acomodando los nuevos cambios a las nuevas situaciones. La gente día a día va creando su sociedad, va creando modelos de conductas que luego se plasman en normas y leyes" (entrevista, mediador no abogado).

Si la relación ley y sociedad fuera una relación de orden, aquí primero se ubicaría el hábito cultural en la comunidad y luego la ley que traduciría ese cambio que ya ha sucedido. Por eso antes de sancionar una ley que establezca pautas objetivas que regulen el instituto de la mediación, para este grupo de actores era necesario *incorporar en la sociedad de Córdoba el hábito cultural de su utilización.*

Era un punto no negociable la aceptación de que la mediación requería para su funcionamiento un cambio cultural profundo en la sociedad. La consecuencia de no considerar esto sería una ley que encorsetara en un articulado lo que en la práctica no sucedería, y que en definitiva fue lo que sucedió. Ahora bien, ¿cómo y qué proponían para crear el hábito de la mediación y así tener en cuenta la sociedad de manera que la ley no fuera sólo letra muerta? ¿De qué manera había que proceder para llegar a una ley de mediación que contuviera toda la información necesaria acerca de la sociedad? Esta visión propuso algunos dispositivos para destacar la importancia de los modos en que la sociedad influye en el de-

---

5 Quien expresa esta frase es el diputado Alberti.

recho. El análisis detallado nos demuestra, por un lado, que no era una tarea sencilla y, por otro, que en realidad tampoco tenían ellos la claridad que manifestaban tener.

Valoración de la cultura. Está claro el planteamiento de los actores legislativos y mediadores: toda generación de una nueva legislación —en consecuencia la mediación— debe tener en cuenta la cultura de la sociedad que esa ley va a intervenir. Pero de esta idea que parece muy clara hay que señalar algunos puntos que no son transparentes.

Los legisladores le otorgaron a la cultura un papel tan importante que sin su consideración la ley indefectiblemente fracasaría. Pero, aunque era tan importante nunca estuvo definida. La idiosincrasia, los hábitos, las costumbres son las pocas palabras que encontramos en las voces de los legisladores para referirse a la cultura. Así, cultura era todo, pero tal generalidad y vaguedad no explicaba más que una etiqueta que denotaba un conjunto de costumbres, valores, hábitos y prácticas.

Junto a la vaga y equívoca mención que se hacía de la cultura, de la necesidad de tenerla en cuenta para que la ley de mediación no fracasase, encontramos algunas pistas para agudizar la definición. En definitiva, la pregunta era cómo lograr que el común de la gente se interesara por la mediación, si era algo tan "nuevo e incompatible con nuestro espíritu contencioso". Para esto era necesario crear medios idóneos, mecanismos destinados a contribuir a la formación de hábitos culturales proclives a la mediación. Los mecanismos que se propusieron fueron de lo más diverso: incentivos fiscales de concientización a los jueces, eximición del pago previo de los aportes y de la tasa de justicia, difusión propagandística para invitar a la gente, y "todo aquello que la imaginación puede crear para lograr que la mediación se incorpore como hábito cultural" (Diario de Sesiones de la Cámara de Senadores de la Provincia de Córdoba, núm. 35, 1996: 2367). Los legisladores —los de la minoría en la legislatura— encontraban que estos mecanismos eran una manera de subsanar el problema que podría generar la sanción de una ley sin el necesario marco de arraigo, y aseguraban que si hubieran tenido la posibilidad primero hubieran promovido esos mecanismos de arraigo cultural y, luego, hubieran discutido la ley. Tener en cuenta la cultura parecía ser la incorporación de incentivos para la acción, para la práctica de la mediación.

La otra manera planteada para crear el hábito de la mediación que garantizara el éxito de la ley se enuncia en esta expresión de un legislador: "Prueben primero ustedes su experiencia y después legislen" (Diario de Sesiones de la Cámara de Senadores de la Provincia de Córdoba, núm. 35, 1997: 2367). Es decir, la generación de una prueba piloto. La necesariedad de la experiencia piloto se previó para que en un comienzo aportara los datos de la realidad para el apropiado funcionamiento de la ley; esa prueba daría los elementos necesarios para la instrumentación de un marco legal fidedigno y que se correspondiera con lo que la sociedad estaba demandando.

La propuesta legislativa de la experiencia piloto en las primeras discusiones legislativas estuvo orientada aparentemente a recoger lo que la realidad demanda, pero nadie advirtió que tal vez la sociedad no estaba demandando nada.

La experiencia piloto no pudo cumplir el objetivo previsto. La prueba estuvo hecha para evitar lo que finalmente sucedió. Fue una prueba de ensayo y error, explica un mediador con experiencia en el Centro Judicial de la ciudad de Córdoba refiriéndose a la experiencia piloto:

> En un primer momento se hizo un cálculo de lo que se podía tomar para cumplir las funciones correctamente y que no se convirtiera en un cuello de botella que en vez de beneficiar al Poder Judicial generara un perjuicio. Se calculó cuáles eran las causales de remisión obligatoria que determinaban un número cierto de casos que ingresarían a mediación. Se determinaron las causales obligatorias —como aquellas causas que no excedieran los 5000 pesos—; las de beneficio de litigar sin gastos; una causal no objetiva sino discrecional —cuando el juez por la complejidad o la naturaleza de la causa lo decida—. Entonces, en este estudio de campo eso representaba un 56 por ciento de un turno judicial. El 56 por ciento de un turno implicaba que se tuviera que atender aproximadamente ochenta audiencias diarias. Así se organizó, en esos términos. ¿Qué pasa realmente en la práctica hoy? Los juicios de hasta 5000 pesos se tramitan normalmente en rebeldía. Son causas pequeñas en que las partes no comparecen, los demandados no comparecen en juicio, se arreglan extrajudicialmente mediante acuerdos privados. O si no, concluyen en rebeldía y entonces se ejecutan. Es decir, que en la mayoría de estas causas no se traba

la litis, condición necesaria para que el Centro intervenga. Esto lo vas conociendo a medida que vas actuando. Con datos objetivos nos equivocamos. Se podría recibir muchas más causas de las previstas en un primer momento (entrevista, mediador abogado).

Esta prueba piloto, que se suponía debía aportar datos de la realidad para poder hacer una ley a la medida de las necesidades de las personas, no funcionó. Claro que esa información que se obtuvo en la experiencia estaba básicamente orientada hacia cuestiones de tipo institucional y de organización de la justicia, no de los hábitos de las personas. En todo caso de la cultura jurídica, pero no de los significados y representaciones de los beneficiarios del programa.

En el recinto legislativo senadores y diputados se esforzaron para idear una forma que garantizara la apropiación de la ley, pero la importancia de incluir la idea de la sociedad y su cultura en la ley, para que luego ésta no fracasara, se redujo a la introducción de incentivos para los posibles actores y a una prueba piloto. Estos fueron los mecanismos en los que se consideró "la cultura" y se pretendía así crear el hábito.

Si de la cultura dependía el éxito de la ley de mediación, las estrategias diseñadas para "tenerla en cuenta" resultaron confusas. Queda la sensación de que este "tener en cuenta" en realidad implicaba considerar a la cultura como una "variable independiente" (si es que vale el concepto) en la explicación del éxito de una ley, pero si el vínculo era causal la conexión no estuvo explicada o estuvo mal orientada. Lo que faltó fue una definición explícita de la cultura, así como la especificación de los aspectos concretos de la conexión que se vuelven importantes para una ley como la de la mediación. Para explicar el papel de la cultura era necesario dejar de presentarla como un supuesto y en cambio considerarla como algo para ser explicado. Algo que definitivamente no encontramos en el debate legislativo ni en los mecanismos que se pusieron en marcha.[6]

---

[6] Si queremos pensar en cuáles podrían ser las características propias de nuestra cultura que influirían en la *performance* de la mediación, debemos buscar esta respuesta no en la voces de los legisladores sino en la de los mediadores. Para ellos el problema de la cultura que hay que tener en cuenta es la *litigiosidad* que nos caracteriza como sociedad. Pero esto es una explicación ex post de por qué no funciona la mediación.

La ley, el derecho, la política en general procede de un modo abstracto y lejano a la sociedad que va a intervenir. Pero, ¿qué sucede cuándo la ley se preocupa especialmente por atender ese aspecto que en general es lo que dificulta la inserción de una reglamentación? Este parece ser el caso de la mediación. El intento de consideración de estos recaudos no resolvió la apropiación de la mediación. La necesidad de no perder de vista a la sociedad se tradujo en un relato acerca de tener en cuenta la cultura y la idiosincrasia de los argentinos. Y finalmente, el no perder de vista a la sociedad, la cultura y la idiosincrasia se convirtió en un experimento en el que se concentraron todos los esfuerzos para garantizar lo más posible que cuando la mediación fuera ley, las personas se apropiaran de ella. El experimento puede haber sido necesario. Pero definitivamente no fue determinante para conseguir la inserción de la ley en la sociedad. La relación entre la ley y las prácticas sociales que ella trata de regular no puede preverse completamente ni siquiera cuando los actores se ocupan especialmente del problema. Es algo que está más allá de la discusión legislativa y la voluntad política. Como sostiene Azuela,

> igual que el mapa no puede reproducir todo lo que hay en el territorio, la ley sólo puede darnos indicaciones muy generales sobre qué hacer: tenemos que conformarnos con que, si está bien hecha y sabemos leerla correctamente, puede ayudarnos a decidir cómo movernos para llegar a donde queremos, pero no puede garantizarnos que llegaremos y, mucho menos, que el lugar será como lo imaginamos (Azuela, 2006: 116).

Los legisladores que hicieron la ley de mediación creyeron poder controlar este proceso con la incorporación del problema *de la sociedad* en la agenda del debate. Pretendieron, pero en definitiva no pudieron desligarse completamente de una visión que cree en la generación de certidumbre respecto de los resultados; que cree que los efectos no deseados pueden ser controlados desde la producción legal, y que en definitiva cree que se trata de una etapa que no hay que descuidar, pero que con el debido cuidado las contingencias pueden ser eliminadas. El intento que realizaron no fue suficiente.

El dilema de la obligatoriedad: un atentado a la moralización

El tema de la voluntariedad / obligatoriedad en la mediación genera profundas dudas y discrepancias entre todos los que en algún momento se han acercado a estudiar estos métodos para la resolución de conflictos. Aquí comenzaremos sosteniendo que parte del equívoco que este asunto genera es producto del problema que describimos en las páginas precedentes: casi toda producción legal tiene que afrontar una cuota de imprevisibilidad y, a su vez, la imposibilidad de evitar tal cuota. Por eso, ciertos mecanismos fundamentales a la mediación, como la voluntariedad, se reconfiguran durante el proceso de puesta en marcha de la institución reglamentada.

La cuestión de la voluntariedad nos posiciona ante una pregunta sobre las posibilidades del alcance práctico o de las probabilidades empíricas de la mediación. Sin embargo, a esta complicación —que en definitiva expresa los serios problemas de implementación que la institución de la mediación tiene— se le acopla otra complejidad que concierne de manera especial a la moralidad: específicamente a las sospechas que sostuvimos al inicio de esta investigación acerca de la posibilidad de *ingeniería moral de la sociedad* cuando cuestionábamos seriamente los intentos moralizadores encarados en nombre del Estado.[7] Por lo tanto, el dilema de la voluntariedad nos enfrenta a problemas que corresponden a dos planos diferentes. Por un lado, el *plano de lo operativo*; los efectos no deseados salen a la luz y en el caso de la voluntariedad la consecuencia es que lo que en la ley se planeó como voluntario tiene que manejarse como obligatorio. Por otro lado y en especial, en el *plano de lo moral*, el problema de la voluntariedad expresa la dificultad de generar valores morales por medio de un programa político y quedan cuestionados los pilares de la moralización.

El operativo y el moral son dos planos diferentes que no deberían confundirse. Especialmente porque no sería correcto a partir de las sospechas sobre la moralización juzgar de antemano la imposibilidad empírica de la mediación. En este apartado mostraremos que en realidad existen elementos para cuestionar el funcionamiento de la mediación en ambos planos, en el operativo y en el de la moral, pero este cuestionamiento es

7 Véase capítulo uno, el apartado "Los intentos estatales por crear sociedades ideales".

válido por el carácter particular que la mediación adquiere en Córdoba, es decir por su carácter moral. Y estos elementos los encontramos cuando nos detenemos a explicar en detalle cómo es entendida la *voluntariedad* en el interior del discurso de la mediación. Elementos de uno y otro plano de análisis se utilizan sin distinción y están completamente mezclados en el discurso de la mediación. Y este es otro de los puntos que revelan la ambigüedad como rasgo definitorio del discurso de la mediación.

La voluntariedad en el plano de las prácticas

a) Mediación judicial. Recordemos primero los aspectos de la norma que definen lo operativo. En Argentina el régimen federal vigente —al año 2006— permite la coexistencia de distintos ordenamientos procesales en el ámbito nacional y en las provincias. Por eso en el país hay distintos regímenes para la instancia de la mediación. Mientras la Ley Nacional 24 573 la instituye con carácter obligatorio como instancia prejurisdiccional, las provincias de Chaco y Santa Fe asignaron un carácter totalmente voluntario a este sistema para la resolución de conflictos (Bergoglio, 2004).

En Córdoba la ley provincial establece que la mediación judicial puede ser voluntaria u obligatoria. Será obligatoria en toda causa judicial civil o comercial en los siguientes casos: en contiendas cuyo monto no supere el equivalente a cierta cantidad de dinero; en todas las causas donde se solicite el beneficio de litigar sin gastos o cuando el juez, por la naturaleza del asunto, su complejidad, los intereses en juego, estimare conveniente intentar la solución del conflicto por la vía de la mediación. Pero, también, puede ser un requerimiento voluntario de una de las partes. De mediar conformidad en la otra parte, la causa se somete a mediación y se suspende el proceso judicial.[8] Es más, en la ley, el carácter voluntario de la mediación es el que se instituye en primer lugar, tal como lo indica su artículo primero; y la obligatoriedad aparece en el artículo segundo como carácter excepcional. Sin embargo, este énfasis en lo voluntario

---

[8] Es decir, la mediación es un recurso al que pueden acceder las partes al interponer la demanda o contestarla, o en cualquier oportunidad procesal y en todas las instancias. Véase en los anexos a este trabajo el texto completo de la Ley 8858, artículos 1, 2 y 37.

queda completamente desdibujado cuando atendemos lo que sucede en la práctica. Aunque el sistema de Córdoba es mixto podemos afirmar que la mediación que funciona es la obligatoria, esto es, ni la extrajudicial ni la judicial voluntaria son las que acumulan casos. Las que acumulan el trabajo son las causas judiciales remitidas obligatoriamente. De todas las mediaciones judiciales sólo el 5% son voluntarias.[9] Ante estos datos no es necesaria demasiada aclaración para sostener que la mediación judicial *funciona* como obligatoria. La limitada cantidad de casos voluntarios es un problema que la ley no pudo prever.

Desde una dimensión discursiva el argumento de la obligatoriedad necesita ser justificado todo el tiempo por los encargados del programa, ya que más allá de lo reglamentado por la ley, circula un convencimiento bastante generalizado respecto de que la mediación *tiene que ser voluntaria*. Es decir, el discurso de la obligatoriedad de la mediación judicial constantemente *necesita* ser justificado. Y la justificación recae en que es necesario, como sucede con cualquier innovación institucional, generar la costumbre de la mediación. El argumento que se desarrolla indica que las personas por sí solas no tendrán motivaciones para apropiarse de la mediación, por eso para lograr esto es imprescindible enseñarles el camino. Esto se complementa con otra idea también presente en la mediación: las personas sólo responden a la coacción, si no las obligan jamás lo harían por sí mismas. Así, la coacción se convierte, como sostienen varios mediadores, en la forma de educar. Confían en que de esta manera quedaría asegurada una *clientela* que sería la que luego generara la convocatoria voluntaria, ya que también suponen una transferencia de sujeto a sujeto. La obligación necesita ser justificada como un mal necesario.

La justicia también forma parte de esta explicación, en tanto la mediación tendría que competir —en una obvia situación de desventaja— con ella por una misma *clientela*. Sin embargo, parecería que la justicia es la única que cuenta con los elementos para hacer funcionar la mediación: hay que *mandar* a las personas a mediación y las herramientas para obligarlas solamente las tiene el juez. Pero esta percepción es ambigua y contradice la crítica que la misma mediación postula sobre el papel de la justicia en la moralización.[10] En ese momento veíamos cómo la justicia

---

9 Para el total de casos ingresados en el año 2004. Fuente: PROMARC.

10 Véase capítulo tres.

era un enemigo, porque no moraliza en tanto coacciona. Al mismo tiempo, como vemos ahora, si no fuera por esa coacción no habría chance alguna ni para moralizar ni para mediar. Los argumentos se acomodan y funcionan como repertorios de explicación contradictorios ante diferentes situaciones.

Tal vez haya que conectar con un argumento que desarrollamos en los anexos: la obligatoriedad fue sólo un punto de definición de poderes y luchas institucionales, y no una disputa por la definición de un concepto. Sea por el motivo que fuera, la justificación de la obligatoriedad como un elemento para ayudar al despegue de la mediación no alcanza, y las contradicciones que la obligación le imprime a la mediación salen a la vista. Los problemas se manifiestan en el reconocimiento de que cuando las partes asisten obligadas sólo lo hacen para cumplir y evitar la multa que se les aplicaría si se resistiesen; asisten con sus abogados y éstos siempre quieren terminar el proceso para continuar con la etapa litigiosa. Los mediadores no dejan de reconocer que ese *deber* asistir causa desde un inicio un impacto negativo en el proceso y termina por anular cualquier intento de cambio de perspectiva en las partes, y con esto se anularían las condiciones necesarias para la moralización. Aunque una frase repetida es "no importa si vienen obligados, lo importante es que vengan", parece que sí importa: en su estudio sobre la mediación judicial en Córdoba, Bergoglio (2004) concluye que en la mediación judicial, cuando las partes concurren voluntariamente, el compromiso con la búsqueda de alternativas es más alto y la consecuencia es una mayor cantidad de número de audiencias y un proceso más largo. En cambio, los procesos donde la ley dispone de manera obligatoria la instancia, resultan más cortos,[11] reflejando situaciones en que alguna de las partes, disconforme con este método, se limita a concurrir a la audiencia inicial desistiendo de la instancia completa. El argumento se complementa con el hecho de que muchos de los casos obligatorios terminan sin que las partes se hayan sentado finalmente en una mesa de negociación.[12]

---

11 La diferencia de duración es estadísticamente significativa.

12 También los datos de esa investigación sostienen, por un lado, que hay más acuerdo en las causas voluntarias: 43.6% de acuerdo en las voluntarias contra 29.7 en las obligatorias. El mismo estudio muestra que los *obligados* no quedan satisfechos con el papel del mediador y de los honorarios (Bergoglio, 2004).

Otra experiencia de mediación en Argentina, la de Buenos Aires, también pensó la obligatoriedad como un rasgo temporario hasta *lograr instalar* la mediación; ese plazo caducó hace muchos años y constantemente se está prorrogando, porque "si se saca la obligatoriedad se acaba la mediación" (entrevista, mediador abogado). Esto apaga un poco las esperanzas puestas en el proceso de la obligatoriedad como etapa de prueba y transitoria. Ésta debería tal vez comenzar a ser pensada como un rasgo propio de la misma mediación. Pero claro que para aceptar esto habría que estar dispuestos a aceptar también un conjunto de rasgos, pero por ahora no habría visos de que así sucediera.[13]

b) Mediación no judicial. Desde el punto de vista reglamentario la mediación extrajudicial es *siempre voluntaria:* se refiere a casos en los que las partes, sin instar proceso judicial previo, se adhieren voluntariamente a un proceso de mediación para resolver un conflicto, ante un mediador o centro de mediación público o privado habilitado a tal fin. Los que estudian el tema sostienen la voluntariedad "desde el inicio" como la principal diferencia entre la mediación en sede judicial y extrajudicial; sin embargo, hay algo en el mismo funcionamiento de los programas que atenúa esta diferencia. Casi todos los sujetos que llevan sus casos a mediación extrajudicial no lo hacen por estricta voluntad propia, sino que llegan derivados de otras instancias institucionales u organizacionales tales como defensoría del pueblo o del consumidor, de organizaciones no gubernamentales, de programas de asesoramiento jurídico, de programas de violencia familiar, o de derechos humanos. Entonces, la evidencia permitiría sostener que la mediación extrajudicial es voluntaria pero sólo porque no existe una instancia judicial de por medio que disponga las partes a mediación y no porque cada sujeto la elija como opción.

La mediación extrajudicial o no judicial también manifiesta inconsistencias en su funcionamiento, ya que los casos voluntarios tampoco abundan. Es así que el programa en la misma puesta en práctica acude a una serie de mecanismos para resolver este problema. Las instituciones derivadoras[14] se convierten en el mecanismo proveedor de casos a la mediación no judicial. Estas instituciones, aunque no están previstas en el

---

13 Por ejemplo, habría de desistir de la idea de pensar que la mediación puede crear algo más allá de la solución de los problemas, esto es, desistir del proyecto de moralización.

14 Especialmente dependencias de las municipalidades.

cuerpo legal para cumplir esa función, son imprescindibles para que la mediación no judicial pueda abastecerse de casos. Estas instancias facilitan el tránsito de lo no voluntario a lo voluntario construyendo el tipo de sujetos previstos en la ley mediante una voluntariedad inducida. Hay que tener en cuenta que estas instituciones sólo derivan al centro público de mediación y al centro privado de las municipalidades. Los privados prácticamente no tienen casos para mediar. Ellos se quejan de que entre las delegaciones del gobierno y los centros públicos y de la municipalidad se ha creado una aceitada relación de provisión de casos para mediación y por eso los privados se encuentran en desventaja. El resultado es, como vimos en páginas anteriores, que la mediación queda concentrada en el ámbito estatal.

Entonces, la voluntariedad no es espontánea sino que es construida o facilitada por estas instancias, sin las cuales no habría casos para mediar extrajudicialmente. Los mediadores saben que los sujetos no pueden ser obligados, pues esto iría en contra de la misma naturaleza de la mediación; por lo tanto, defienden la voluntariedad desde la concepción de que siempre es mejor trabajar con una persona predispuesta, ya que ésta optó por una opción no litigiosa, realizó él mismo la preselección y, a su vez, esto garantiza ya casi el 50% del éxito de un proceso.

Esta falta de espontaneidad de la voluntad crea interpretaciones contradictorias. Y si bien es un tema no ignorado por los operadores del programa, en sus explicaciones intentan minimizar el problema y las respuestas giran alrededor de dos cuestiones. Por un lado, la explicación en un plano discursivo recae en un argumento de casi resignación ante el problema, en donde *no se puede hacer nada* con una persona que no quiere asistir o que se resiste a una invitación a participar. La justificación que construyen se centra en la dificultad de convocar a una "sociedad como la nuestra, en la que si no nos obligan, no hacemos nada". El problema estaría en la sociedad y es poco lo que se puede hacer. Porque la voluntariedad es la base del programa y no existen sujetos "previamente voluntarios" dispuestos a mediar; justamente esto debería ser un logro del programa. Por otro lado, la minimización del problema se evidencia cuando sin dejar de aceptar que siempre es mejor la *voluntariedad* que la obligatoriedad, sostienen que lo importante es que las personas lleguen a la mediación, sin importar demasiado cómo. El énfasis lo ubican en las bondades del proceso de mediación junto a la docilidad que muestran las personas. La confianza de los mediadores en el proceso para subsanar la falta de voluntariedad es amplia, al extremo de sostener que "no importa si no saben muy bien de qué se trata. Lo importante es que vengan, una vez que los tenés sentados acá podés lograr muchas cosas" (entrevista, mediador abogado). Argumentan que no se trata de que las personas lleguen engañadas a la mediación, pero sí muchas veces llegan sin estar demasiado enteradas de la situación y aun así permanecen porque se dan cuenta de que les será útil.

El principal problema de la voluntariedad se manifiesta en la llegada a la instancia de mediación. Pero continúa posteriormente durante el cumplimiento del acuerdo firmado en la mesa de mediación. Aquí, también la voluntariedad crea problemas que se traducen en el incumplimiento de los acuerdos. Esta es una dificultad que los mediadores reconocen, mas acuden a una explicación cuando se enfrentan a una situación de falta de cumplimiento: traen nuevamente al ruedo la justicia, explicando que *lo judicial* es lo que da garantía y seguridad a las personas ya que es una instancia institucionalizada.

> Porque les parece que tiene que estar la figura del juez para que eso tenga legalidad. Lo importante es la institucionalización, no importa de qué tipo. La gente común, la gente *de a pie*, la gente que respeta lo escrito, lo que significaría tribunales, la gente no entiende mucho si está homologado o no, si el que lo atendió de camisa y corbata es el juez, es el secretario o es el ordenanza que anda con los libros llevándolos de un lado a otro (entrevista, mediador abogado).

Se resalta demasiado el aspecto de la autoridad y el acostumbramiento a responder sólo a ella. Entonces, quedan muchas dudas sobre la probabilidad de que los acuerdos de las mesas de mediación tengan algún valor para las personas. Si sólo respondemos a la autoridad, luego ¿cuál se espera que sea el destino de los acuerdos, voluntarios y no coercitivos?

Los mediadores, los mismos que sostienen que estamos acostumbrados sólo a la autoridad, también dicen que los acuerdos se cumplen porque las personas le dan valor al compromiso y la palabra. Atribuyen un compromiso a las personas que entonces contradicen el problema de la exclusiva respuesta a la autoridad. "Pero además del valor de la palabra, existe el valor de la voluntad. De la voluntad sale la autoridad de la mediación para las partes. La voluntad de las partes es como la ley. Es una sentencia. Porque las partes acordaron y se comprometieron por escrito a cumplir" (entrevista, mediadora no abogada).

Otros son menos románticos y sostienen que la autoridad del acuerdo para cumplirlo en realidad reside en que es lo que más les conviene. De manera que un acuerdo se va a cumplir mientras sea beneficioso para ambas partes. Las dos caras del sentido de la autoridad funcionan en el mismo discurso. La autoridad de lo que obliga, de la formalidad de la institucionalidad junto a la autoridad de la voluntad del compromiso. Las percepciones son ambivalentes.

Pero la ambigüedad no queda en un nivel de imágenes y representaciones. La práctica misma la refleja. Ante la ambivalencia respecto a la autoridad, los mediadores crean sus estrategias para controlarla, y no todos son recursos discursivos. Existen otros mecanismos bien concretos para tratar con el problema de la voluntariedad y la falta de coerción en la etapa posterior al proceso: la figura del *seguimiento de los casos*. La mediación pretende otorgar valor —más bien que las personas lo hagan— a la palabra y el compromiso. No obstante, el seguimiento de los casos es una manera de controlar el proceso. Por lo tanto, pareciera que existen sospechas sobre la efectividad y el poder de transformación de la mediación al punto de que se crean este tipo de mecanismos de control. El seguimiento de los casos consiste principalmente en citar nuevamente a las partes luego de transcurrido un tiempo. A veces hasta se elaboran cláusulas de seguimiento en las mismas actas de mediación, sobre todo en mediación familiar en las que, por ejemplo, una parte se compromete a pasar alimento y a cumplir un régimen de visita. El seguimiento pretende constatar, ver cuánto y en qué medida se cumple lo acordado, y por lo tanto perdería poder esa capacidad transformadora que el discurso de la mediación se atribuye.

Lo que el cuerpo legal no pudo determinar o prever fue que el recurso de la voluntariedad no es uno que esté allí flotando en la sociedad y que una vez que existiera la institución de la mediación, ésta sería utilizada por los actores de la sociedad. Sin embargo, el problema de la indeterminación de lo legal encontró la manera de superar los escollos en la misma práctica: en el caso de la judicial, valiéndose del recurso de la remisión obligatoria; en la no judicial asignando a algunas instituciones el papel de fuente de abastecimiento de casos. La ley de mediación termina de resolverse de una manera *creativa* en la práctica, en su misma operatividad. Y aunque se trata de algo común al proceso de producción/funcionamiento del derecho, si lo pensamos desde el proyecto moral de la mediación emergen algunas inconsistencias serias. Existe una paradoja que es inherente a la mediación y consiste en pretender crear un modelo para resolver las disputas y al mismo tiempo los sujetos que la utilicen. La mediación se preocupa porque las personas voluntariamente adopten ésta y no otra forma de resolver los conflictos. Pero estos sujetos previamente voluntarios no existen, hay que crearlos. Tener éxito en esta tarea simultánea no es difícil, es imposible. El problema es que el contenido de la moralización se transmite en su medio, que es el proceso mismo. Si las personas no asisten a él, no hay posibilidad de moralizar. Esa es la lógica de funcionamiento.

Los problemas señalados hasta el momento resultan ser efectos de la indeterminación de la norma y corresponden a un *plano operativo*. Mas el problema no acaba aquí, sino que tiene un giro más y corresponde al *plano moral*.

La voluntariedad y el aspecto moral

La manera en que en la práctica la mediación resuelve lo que no pudo prever desde un inicio, pone en duda los mismos pilares que propone, esto es, contradice la moralización. La mediación hace que el asunto de la coerción para su uso adquiera dimensiones particulares porque ella pretende generar un orden basado en la obediencia voluntaria de los sujetos, pero para generarlo tiene que apelar a la *imposición*.

Retomemos la paradoja que señalamos hace un instante: la mediación presupone una manera *virtuosa* de relaciones entre sujetos y convivencia cuyo potencial resida en el ámbito de deberes y responsabilidades a las que el sujeto cree que ha de responder y no en el de los impuestos por normas y regulaciones. Ella —la mediación— convoca a la ciudadanía a que de manera voluntaria tome parte en estos procesos. Esto quiere decir que el programa presupone que existen ciudadanos dispuestos a decidir por sí mismos llevar a estas instancias sus problemas más cotidianos, y para que esto suceda los sujetos deberían tener algún tipo de compromiso o responsabilidad social que les haga elegir voluntariamente la mediación como instancia para resolver sus conflictos. Es decir, para que los programas funcionen se necesitan personas dispuestas a llevar voluntariamente "a mediación" sus problemas.

La voluntariedad nos muestra que la moralización tiene problemas en sus supuestos, incluso antes de ponerse en marcha. Si de este plano del modelo institucional nos movemos hacia el plano del proyecto moral, que el modelo de la mediación pretende constituir, encontramos problemas aún más graves. Recordemos que el contenido de ese código moral que la mediación quiere crear, está basado fundamentalmente en el pilar de la autodeterminación y la responsabilidad, en el sentido de lograr que las personas sean auténticas dueñas y arquitectos de su vida y futuro.

Sólo en el escasísimo número de mediaciones requeridas voluntariamente se encontraría el recurso de la auténtica autonomía. Ahora bien, si alguien es tan autónomo como para elegir por sí mismo un medio pacífico para resolver sus problemas, y si consideramos que la autonomía es uno de los mayores logros que la mediación quiere conseguir, luego ¿será tan improbable que esa persona no pueda prescindir de la colaboración o la intervención de un mediador para resolver su problema?

Se propone que la mediación no judicial sea voluntaria. Éste es el punto óptimo del programa: que los sujetos acudan voluntariamente, sólo así se cumpliría el objetivo de la moralización. Pero pensando en los supuestos de este programa vemos cómo se pueden llegar a plantear situaciones confusas. Tracemos un escenario hipotético. Los sujetos que utilizan la mediación en condiciones de estricta voluntariedad son sujetos que deciden sobre sus opciones de vida, por lo tanto *ya* son sujetos autónomos y responsables. Luego, la mediación sería redundante en sus logros de crear en los sujetos el valor de la responsabilidad y la autonomía. Esto no sería confuso y ambiguo si los objetivos de la mediación fueran resolver los problemas de las personas. En ese caso, sí la mediación aportaría algo más a estos sujetos *ya* autónomos y responsables, *ya morales* (les ayudaría a resolver sus conflictos). Pero vimos que el objetivo último y fundamental de la mediación es generar responsabilidad y autodeterminación. Luego, lo estarían generando pero en sujetos ya poseedores de estas condiciones.

Siguiendo esta lógica, casi absurda, la mediación cumpliría su cometido si generara responsabilidad y autodeterminación en los sujetos "que no la tienen", pero si no la tienen tampoco acuden a la mediación. Claro que también podemos pensar que estos sujetos que no van son unos sujetos completamente *autodeterminados*, y que justamente su elección radica en el punto de decidir no participar. Pero no es este el tipo de autodeterminación que quiere lograr la mediación. El problema reside en la moral, y en la autodeterminación y responsabilidad como su contenido. El problema reside en la moralización.

De todas maneras sabemos que la mediación voluntaria es la menos importante en términos de casos, y que se compensa con una inducción o derivación de los mismos. Ahora, ¿cuál es el papel que juega la autodeterminación en estos casos? A estos sujetos se les niega la posibilidad de elegir, pero se proclama la posibilidad de que elijan por sí mismos la manera en que resolverán los conflictos. Esto es problemático, a menos que se puedan pensar diferentes grados y cualidades de autodeterminación. Seguramente las situaciones que acabamos de describir son posiciones exageradas. No obstante, ilustran las complejidades de la moralización.

En definitiva lo que los actores responsables del programa ven como un problema de falta de difusión del mismo, en realidad es un problema más profundo que corresponde por un lado a la imposibilidad de prever todo desde la norma, pero más a la imposibilidad de la moralización, especialmente si se la entiende como autodeterminación y responsabilidad.

El lugar del derecho

La mediación por definición pretende separarse del derecho y la justicia. Como dijimos en otro momento, en el modelo de Córdoba, esta diferencia constituye un rasgo identitario: la mediación no imparte justicia ni tampoco lo pretende, y se vale de técnicas que apelan al sentido común y la vida cotidiana para resolver los problemas de las personas. Sin embargo, esta fundamental separación no exime a la mediación de quedar involucrada o de enfrentar problemas de derecho, la ley, la justicia; especialmente cuando un delito o acción fuera de la ley llega por algún motivo a ser tema de discusión en la mesa de mediación. La claridad inicial de la relación que la mediación dice tener con el derecho y la ley se desdibuja en la práctica y queda ambiguamente librada al criterio de los mediadores en cada caso y momento determinado. En este apartado exploramos en profundidad qué sucede en estos casos, para así entender cuál es el *real* papel que el derecho ocupa en la mediación y a qué problemas éste la orilla.

La omnipresencia y ubicuidad del derecho

En el momento de la discusión de la ley de mediación en la legislatura hubo algunos intentos que, aunque no tuvieron la fuerza necesaria para marcar el rumbo definitivo de la institución que se estaba creando, fundamentaban la imposibilidad de pensar el conflicto desde un ámbito diferente y separado del derecho.

> No se concibe la resolución de un conflicto, donde por lógica hay intereses contrapuestos, sin sumergirse en el derecho. La gente vive normalmente conforme al derecho, cumple normas a cada paso, pero toma conciencia de ello cuando aparece el conflicto. El derecho no es algo que a veces se utilice y otras no, el derecho cubre todos los ámbitos de la vida y es condición esencial para la existencia de la sociedad (Diario de Sesiones de la Cámara de Senadores de la Provincia de Córdoba, núm. 35, 1996: 2358).

Hoy todavía se escuchan argumentos como éste, que expresan críticamente las *aberraciones* que la mediación comete al no aceptar que todo conflicto tiene necesariamente un trasfondo jurídico y, por ende, ni el mediador ni la mediación pueden permanecer ajenos a esto. Por eso, no pueden siquiera imaginarse la existencia de una mediación no judicial. Desde esta posición muchos críticos postulan que en la mediación judicial el tribunal o juez de la causa se reserva el derecho de analizar la legalidad del acuerdo de la mediación, es decir, que estén compuestos los intereses de las partes, que no se violen garantías de orden público en el acuerdo. Pero la mediación extrajudicial no garantiza este punto: "aunque un problema no haya llegado a tribunales, las normas de orden público así como el interés jurídico de las partes necesitan realmente estar garantizados, y esto sólo podrían hacerlo quienes manejan los conceptos técnicos del derecho, o sea lo abogados" (Diario de Sesiones de la Cámara de Diputados de la Provincia de Córdoba, 1997: 783).

La ley finalmente resolvió por otro lado: no por el de la generalidad del derecho. En primer lugar, al habilitar a mediadores de profesión diferente de la abogacía otorgó al derecho un papel completamente secundario en la mediación. Pero más allá del texto legal, porque el criterio para llevar adelante la resolución de los conflictos no es el del derecho sino el de los sentimientos y la vida cotidiana. No obstante, el derecho se introduce de manera casi inevitable en la mediación, y ese lugar que ocupa es diferente según se trate de mediación judicial o no judicial.

El derecho en la mediación judicial

La mediación judicial pretende no regirse por el derecho, ya vimos que ella no imparte justicia. A esto se refiriere la ley cuando indica que la mediación aboga por la satisfactoria (y no justa) composición de intereses. Pero el alejamiento del derecho en la judicial es relativo. En primer lugar, porque ella se desarrolla en el espacio físico de los tribunales y de esta manera se mantiene encuadrada en las formas de organización de la justicia. Además, por algunas características de la mediación judicial, como por ejemplo el que esté supervisada por funcionarios judiciales o la obligación de que al menos uno de los dos mediadores sea de profesión abogado. Estos aspectos relativizan la separación del derecho. Existe otro rasgo aún más importante todavía: en caso de que surja un acuerdo, éste necesariamente debe ser legitimado por un juez, y allí éste actúa como juez no como mediador, esto es, siguiendo principios formales del derecho. Por lo tanto, no homologará un acuerdo que contradiga al menos en algún punto al derecho. En estos casos el Estado no pierde su papel de control —vía poder judicial— porque ese acuerdo de mediación podrá ser ejecutado en tanto tiene el mismo carácter que una sentencia judicial. Es decir, aunque el proceso de mediación judicial se desarrolle con técnicas diferentes del derecho, la última instancia del proceso —la homologación del acuerdo— es formal y judicial.

La mediación judicial, entonces, crea un espacio para que pugnen dos modelos diferentes: el de la mediación —construido a partir de la insistencia en la comunicación y los sentimientos—, y el del derecho.

Los mediadores no abogados intentan sin éxito imponer la lógica de la mediación por sobre la del derecho y que éste sea el modelo que organice en cada caso particular la resolución del problema. Pero estos mediadores dan, en el ámbito judicial, una pelea que de antemano está perdida. Aun así, los abogados que acompañan a sus clientes a estas mediaciones no quedan conformes con el papel que el derecho juega en la mediación y desearían que éste fuera el criterio único. El derecho es uno de los elementos que condiciona la moralización en la mediación judicial, porque no permite un corrimiento completo del canon jurídico, y como ya vimos, para el discurso de la mediación, la moralización, para ser, justamente necesita excluir al derecho (pues el derecho es lo que se opone a los valores de la moral que la mediación quiere constituir, como vimos en el capítulo anterior).

Es necesario considerar otro elemento más que limita el proyecto moralizador en la mediación judicial. Las personas pueden acudir con o sin sus abogados, esto es opcional y lo decide cada sujeto. En general, la gente opta por la primera de las opciones porque ya ha tratado su caso previamente con un abogado, de hecho la causa ya ha sido judicializada. Si asisten a la mediación con representación legal, el papel del profesional se limita a controlar que la mediación no se salga de los carriles que favorecerían a su cliente. Aunque sólo puede permanecer como asesor de la parte —ya que no puede inmiscuirse en las decisiones que se tomen— todos los mediadores reconocen que la gente *prefiere* estar acompañada de su abogado, es algo que le da tranquilidad.

Sin embargo, se generan situaciones ambiguas en las mediaciones con presencia de abogados. Por un lado, abogados de las partes (no los abogados-mediadores) sostienen que a las personas no les gusta hablar, se sienten inhibidas y prefieren dejarles ese lugar a sus representantes legales/abogados, lo cual es esperable ya que para eso optaron por una vía judicial y contrataron a un profesional del derecho. Es esa falta de deseo o necesidad de hablar de la gente en la que los abogados tradicionales (los que acuden como representantes legales a las mediaciones) basan el argumento de por qué la gente en general rehúye a la mediación.

Por otra parte, los mediadores, durante todo el proceso de mediación se esfuerzan por revertir esta situación y ubican en la figura del abogado uno de los primeros y más problemáticos escollos de la mediación judicial: "los mediadores todo el tiempo tenemos que estar poniendo en su lugar a los abogados para que dejen que la mediación se desarrolle como mediación y no como un trámite en oficina tribunalicia, el esfuerzo que hacemos para lograr una actitud colaborativa de parte de ellos es enorme" (entrevista, mediador no abogado). El problema es el descreimiento que los abogados tienen en cuanto al procedimiento. El proceso de mediación, entonces, se convierte en una puja por imponer una forma de llevar adelante el conflicto: la de los abogados y la de los mediadores. El resultado es que terminan haciendo acuerdos basados en la negociación de posiciones, no de los intereses, deseos y necesidades de las partes como lo pretende la mediación. Además, los acuerdos en general son propuestos por alguno de los abogados litigantes y el otro lo responde hasta llegar a un consenso. La posibilidad de generar un acuerdo rápido es la única ventaja que los abogados encuentran en la mediación. Claro que esto elimina la posibilidad de basar el proceso en los sentimientos y emociones y de lograr la comunicación entre las partes que persigue la mediación, luego entonces se desvirtúa la posibilidad de *la moralización*.

El problema de la moralización en la judicial es más profundo todavía cuando a la mediación asisten los representantes jurídicos y no las partes. Esto sucede especialmente en los casos en que alguna de las partes tiene personería jurídica. En esos casos es común que se enfrente el representante legal de una empresa con una persona damnificada. Allí, el esfuerzo de los mediadores es más grande, pues lograr que una parte pida disculpas a la otra y que afloren los sentimientos es más difícil y menos probable que suceda.

El derecho en la mediación extrajudicial

El derecho se implica de manera diferente en la mediación no judicial. En estos casos la no obligatoriedad de la homologación de los acuerdos, la posibilidad de que ambos mediadores tengan una profesión diferente a la de abogado y la inexistencia de una causa judicial abierta condicionan de manera distinta el manejo del derecho. El ámbito de lo no judicial permite ver de una manera más clara cómo el derecho deja de ser el modo exclusivo para organizar la vida de las personas, sus problemas y conflictos. Y no es una cuestión de menor importancia que esto suceda en el ámbito del mismo Estado. El problema adquiere visos particulares en dos dimensiones en las cuales el Estado es permeable a criterios diferentes, respecto al modo y a la autoridad para decidir acerca de los problemas de las personas.

Por un lado, en la mediación no judicial pública —esto es, en los centros estatales— el Estado como ámbito tradicional garante de la administración formal de justicia cede algo de esto cuando asiente la incorporación de nuevos operadores de los conflictos y de nuevas modalidades, ambos distintos a los judiciales. Aunque el ámbito en el que se tratan los conflictos de las personas sigue siendo estatal, el procedimiento incorpora rasgos diferentes de los tradicionales. Esto es fundamental, porque en estos procedimientos de mediación el Estado *es* corresponsable de los acuerdos que se obtengan con estos criterios diferentes del legal-formal. En este sentido, estaríamos en presencia de una transformación en el interior mismo del Estado, se incorporan nuevos operadores y nuevos modos.

Por otro lado, la segunda dimensión en donde también queda clara la permeabilidad del Estado es el caso de los centros privados. Más allá de que en la práctica estos centros casi no reciban casos para mediar, respetando el plan organizacional de la mediación, aquí el Estado ha cedido por completo su papel. La coordinación de estos centros sigue dependiendo del ámbito estatal, pero eso no quiere decir que el Estado sea corresponsable de los acuerdos que se logren en las medicaciones privadas. Más bien, el ámbito privado obtiene una licencia para intervenir sobre los problemas de las personas y esa licencia es otorgada por el mismo Estado. Y no existe ningún mecanismo —al menos previsto normativamente— para que el Estado luego pueda corroborar o controlar esos supuestos acuerdos.

De esta manera, en la mediación privada el Estado compartiría con actores privados la autoridad para intervenir en los conflictos que las personas tengan. El Estado cede así espacio a otros operadores distintos a él. En la práctica esto termina no sucediendo, pero sólo porque la mediación privada no tiene mediaciones que atender, no porque no esté así diseñado desde el modelo organizacional. Es decir, que no suceda es una consecuencia no esperada de la puesta en práctica de la ley, no un punto explícitamente diseñado en ese sentido.

No todo es mediable: una máxima de la mediación

Al preguntarnos por el derecho en la mediación es necesario recordar que "no todo es mediable", y ésta es una máxima de la mediación. Es una frase a la que recurren mucho los operadores, y funciona como un escudo para defenderse ante diversas críticas. De todas maneras, no deja de ser cierto que no todo es mediable. Según la ley, a la mediación sólo le competen los "derechos disponibles", es decir, aquellos de los que las personas pueden disponer arbitrariamente.

> Esto es un principio rector del derecho que comprende la potestad de poder renunciar a todo lo que uno tiene. Pero hay otro tipo de derechos, los indisponibles, que son sobre los cuales una persona no es libre de decidir sino que le compete exclusivamente a la justicia resolver en torno a ellos. Los derechos indisponibles quedan fuera de la mediación (entrevista, mediador abogado).

Los mediadores repiten esto como una lección aprendida, pero eso no significa un real conocimiento acerca de los alcances de esta máxima. Por eso no sería completamente imposible que algún caso —de los que corresponden a los *derechos indisponibles*— se filtrara en la mediación, especialmente en la no judicial. Consideremos como ejemplo un caso en el que los dos mediadores tienen una profesión diferente a la de abogados, de manera que no tienen por qué conocer en detalle ni los códigos ni las leyes. Así, por desconocimiento podría generarse un acuerdo contrario a la ley o que vulnere algún derecho de alguna de las personas. Por supuesto las partes estarían menos al tanto todavía que los mediadores de esta situación. ¿Qué sucede en estos casos? Perfectamente podría suceder que el Estado estuviera avalando acuerdos contarios a la ley. Esto también es factible que suceda en la mediación privada, pero ya en esos casos el Estado pierde su capacidad de controlar los acuerdos que allí se firmen.

Pero en la extrajudicial desarrollada en el ámbito estatal este punto tiene connotaciones particulares, porque estos posibles acuerdos fuera de la ley se establecen *dentro* del Estado mismo. Ante esto los mediadores argumentan que existen controles, sanciones y filtros para impedir que eso suceda. En ese caso sostienen que un acuerdo no judicial que vulnere la ley y pretenda ser homologado no pasaría *el ojo de ningún juez*. Pero, ¿qué sucede con los acuerdos que no se homologan? En esos casos el argumento de los mediadores indica que como son acuerdos no homologados, no tienen fuerza de sentencia y en consecuencia nadie está obligado a cumplirlo: por eso —creen— el *daño* no sería tan grave.

No resulta sólida la explicación que la mediación tiene para evitar problemas con el derecho. La mediación no cuenta con un mecanismo concreto y firme que efectivamente *filtre* aquello que no puede mediarse. En lugar de que existan claros mecanismos de control, lo que se espera es que si se realiza una mediación en algo que no requería tal proceso, finalmente en alguna de las etapas debería salir *a la vista*, y si esto no pasara y finalmente algo se pasa por alto, dado que no es algo obligatorio de cumplir, el problema no sería tan grave. Cuando por error o desconocimiento se filtra algún caso de este tipo, se generan situaciones extremadamente desprolijas.

En otras oportunidades, los mediadores sí alcanzan a percibir que se ha filtrado algún caso no mediable. Cuando en el ambiente de la mediación no judicial aparece algún tipo de conducta fuera de la ley y los mediadores lo advierten, también se crean momentos difíciles. En situaciones extremas, como abuso de menores, los mediadores están obligados a presentar demandas judiciales y por supuesto la mediación no continúa. Pero en casos de delitos menores, aunque se levante la mediación, los mediadores no pueden iniciar ningún tipo de denuncia del caso, porque todo debe quedar en el ámbito de la confidencialidad. Se trata de situaciones que ocurren muy ocasionalmente, sin embargo no deja de constituir un problema serio, pues no existen los mecanismos en el interior de la mediación para hacerle frente a estos problemas. Más bien existen los mecanismos contrarios, esto es, para no develar una conducta fuera de la ley (como es el principio de la confidencialidad).

Consideremos un caso mediado en un centro que funciona en el ámbito del Estado:

> Cuando tomamos el caso tratamos de hacerles ver a las partes que ahí había un delito. Pero esa vez tuvimos un problema con una usurpación. Un hombre con cinco hijos y sin lugar donde vivir encontró una casa desocupada y la habitó. Uno trata de entender en este tipo de casos [...] Rosales [el dueño de la casa] era un tipo fantástico, Solís [el usur-

pador] también, pero una cosa es la actitud y otra los hechos [...] Ya habían pasado por la justicia, estaba hecha la denuncia de usurpación, hacía cuatro años que Rosales traía en este problema. Ya la justicia había corroborado que era una usurpación, con lo cual a Solís le pintaron los dedos,[15] pero ¿qué pasaba con la cuestión social de los cinco niños? ¿Qué hicimos nosotros en el centro de mediación? El hecho de que tengas una, cinco o diez casas no importa. Esto es un delito. Salimos a decir a la prensa lo que habíamos hecho, tratamos de reforzar lo que hicimos desde el centro de mediación, porque personalmente me parece que tribunales no actuó bien: ¿por qué? Porque la justicia hizo el acta de desalojo en abril, Solís [el usurpador] no la cumplió, pero no la cumplió porque tiene cinco hijos, porque le da pena sacarlos, y la justicia lo dejó pasar hasta que se le ocurrió ejecutarla el 20 de diciembre. Hay algo entonces que no funciona: o la hace cumplir desde el inicio o bien deja pasar la Navidad. O la hace cumplir el 20 de abril, que me parece bárbaro que hubiera sido así porque la sentencia está para cumplirla, pero no la puedes hacer cumplir el 20 de diciembre. ¿Qué hacemos con los chicos? Ahí fue cuando Rosales [el dueño] dijo que se las prestaba. Pero yo lo tenía que obligar a Rosales, que había esperado cuatro años, más la sentencia, le tenía que pedir que le prestara la casa, y entonces todo ese delito quedaba sin efecto. Si quiere sacarlo, ahora va a tener que volver a empezar un juicio, en este caso de desalojo. Ahora se está desarrollando el juicio, mientras tanto Solís le paga un alquiler a Rosales. Además Rosales no puede cobrar alquiler porque esas casas son de interés social. Pero, a su vez, esa casa la podría tener Rosales porque le pertenece, y está pagando alquiler en otro lado. No vamos a hacer un contrato de alquiler porque no se puede pero, entendamos que esta persona de alguna manera tiene que resarcir lo que está haciendo. Está usurpando porque ya tenía trabajo, un almacén. No se iba pero tampoco quería hacerle mal a Rosales. Se arregló que le pagara todos los impuestos de la casa. Al menos no le genera un gasto. Cuando Rosales obtenga su casa de nuevo va a tener una casa sin gastos. Rosales tenía miedo de que no se la dieran a la casa, pues, por haber cobrado algo de alquiler. Pero que pague los im-

15 La expresión "pintar los dedos" se utiliza para expresar que alguien tiene antecedentes penales.

> puestos, dijo. Se hizo muy público este caso porque los vecinos el día del desalojo hicieron piquete en la puerta de la casa para evitarlo. En la prensa reforzamos que no es que estamos avalando la usurpación, sino que el señor Rosales, atento a la situación, ha concedido. Pero no es que el centro esté diciendo que esto es una manera posible. Al contrario, esto es un delito, y se debe penar. Y el señor Rosales porque quiere, porque es bueno, le ha prestado la casa hasta que a Solís le den otra. No es que esté perdonando el delito ni tampoco se insta a que una persona que tiene cinco hijos usurpe una casa. No, porque en los vagones hay ocho mil familias que viven con chicos y no usurpan. Además van presos, es un delito (entrevista).

En el análisis de la manifestación del derecho, en la mediación, encontramos el mismo malestar que encontrábamos con la justicia construida como enemigo de la moralización. El discurso de la mediación le cuestiona al derecho que no pueda entender que la Navidad no es momento oportuno para hacer *justicia*. Así como tampoco puede entender, por ejemplo,

> al hermano que toda la vida se ocupó de cuidar a sus padres, mientras sus hermanos no lo hacían. La justicia les daría a todos y cada uno de los hermanos una porción equivalente de los bienes de los padres. Pero la mediación ve lo que la justicia no ve: nadie en la justicia lo va a escuchar sobre todas las noches que pasó cuidando a los padres enfermos. La justicia nunca reconocería eso (entrevista, mediador abogado).

La pregunta, por lo tanto, es: ¿no se supone que eso debe hacer la justicia? El malestar con la justicia es evidente también en este caso.

La relación del derecho con la mediación es ambigua. En ella encontramos un círculo de juridificación/desjuridificación de un ámbito social. Es un proceso de juridificación de un ámbito social porque se crea una ley para administrar un campo que no estaba administrado por el derecho —al menos en la mediación no judicial—, pero al mismo tiempo esa ley es para desjuridificar, esto es, para incorporar criterios diferentes de los jurídicos. En el caso de la mediación judicial, se pasa de una situación que era exclusivamente jurídica, a una pseudojurídica, pues se incorporan nuevos agentes y nuevos métodos y criterios de trabajo, que si bien no se alejan del derecho ni lo contradicen, no son los mismos.

En la extrajudicial sucede algo distinto. El cambio es de una situación en la que no había regulación alguna y en la que la juridificación es en favor de una *desjuridificación* del tema: tanto en los privados como en el mismo Estado. Los rasgos más importantes de esta desjuridificación son la incorporación de personas de profesión distinta al derecho al campo de resolución de los conflictos y de criterios basados en los sentimientos y las emociones antes que en la formalidad de la ley.

En suma, en este capítulo desarrollamos tres dimensiones problemáticas del proyecto de mediación. Ahora falta responder si estas inconsistencias obedecen al inevitable problema de las consecuencias no previstas en la producción legal, para entender si podrían haberse evitado o no. Si todas las inconsistencias pudieran ubicarse en ese esquema de explicación, entonces la mediación no podría haberlas evitado. Pero sólo algunos aspectos pueden ser atribuidos a ese argumento: los mecanismos y opciones seleccionados desde un inicio para que la ley de mediación fuera una que *realmente* incorporara los rasgos de la sociedad. La consecuencia más grave de este problema es que la mediación no ha logrado instalarse como instancia para que las personas resuelvan sus conflictos.

Lo demás se explica con argumentos de otra índole: el problema paradójico entre lo voluntario y lo obligatorio, así como los dilemas que el derecho le imprime a la mediación, no sólo son manifestaciones de efectos no deseados de la ley de mediación. Estas inconsistencias corresponden en primer lugar al propósito y fundamento de la mediación tal y como se desarrolla en Córdoba, esto es, al proyecto de moralización.

Conclusiones

> ¿Quién dijo, pues, que allí el Estado y el Patrón no los ven? Es allí donde puede vigilarlos mejor que nunca, con la eficacia de esa "estrategia pastoral" que los controla uno por uno: una expresión que Foucault toma de la Iglesia, pero que en ciertos modos reaparece en los fundamentos mismos de la moderna dominación estatal: es la forma política laica del "cuidado de sí" por la cual los sujetos asumen ellos mismos la tarea de autovigilancia de sus "virtudes cívicas", de su "moral privada". Así la libertad abstracta de un ciudadano-consumidor-igualmente abstracto-vale decir, despojado de todos sus condicionamientos históricos, culturales y de clase- se constituye por su "propia libertad" en la base del Estado-Mercado "idea"' que representa sus intereses "universales": la concepción moralizante del Estado (post)moderno.
>
> EDUARDO GRÜNER

Recopilación

En las últimas páginas de este libro presentamos algunas reflexiones que se derivan del análisis realizado y que integran los argumentos de los capítulos anteriores.

Sintetizando el hilo conductor del texto, la preocupación central consistió en entender un proyecto de moralización de la sociedad, desarrollado en el marco del Estado y referido al manejo del conflicto entre personas. Encontramos que esa moral que la mediación busca generar está definida en torno al valor de la autodeterminación y de la responsabilidad, ambas fundadas en una mirada pastoralista que insiste en la necesidad de proteger a la sociedad de las temibles consecuencias de lo que significaría no alterar el *normal* curso de la forma en que las personas encaran el conflicto. Una vez identificados los elementos más importantes —que en definitiva describen el modelo de sociedad, y especialmente de sujetos sociales que la mediación cordobesa pretende constituir—, indagamos el concepto de Estado que se pone en juego y delimita semejante tarea. La decisión de estudiar un proyecto moral nos situó frente a una pregunta acerca del tipo de Estado que va delimitándose —más bien que *intenta* ser delimitado y definido— en este tipo de intervenciones del gobierno en la sociedad. Fue fundamental, planteamos desde un comienzo, repensar el concepto mismo de Estado y así el proyecto de moralización desarrollado en la mediación era un buen punto de entrada a estas definiciones, pues nos estaba presentando una particular forma de relación entre las instituciones estatales y sus actores, así como con otro tipo de actores de la sociedad; es decir, el contenido moral de la mediación nos llevó a considerar algunas modalidades de la relación y del límite entre el Estado y el no Estado, entre los actores estatales y los no estatales, entre la agenda del Estado y la no agenda del Estado. Especialmente abordamos el concepto de Estado desde la definición que algunos actores intentan instalar.

La vía que consideramos más adecuada para llegar al fondo del problema que nos estábamos planteando, fue desentendernos de una tradicional manera de entender al Estado como un conjunto de instituciones y reglas y atender en cambio el estudio de los actores, sus prácticas y representaciones. De esta manera, la perspectiva de análisis nos permitió encontrar los intersticios, las ambigüedades y contradicciones de este proyecto político. La diversidad de prácticas, así como las contradicciones en las representaciones rodean a la mediación de un entorno fuertemente marcado por la ambivalencia. No obstante, la mediación forma una arena en la que se pone a competir una definición del Estado. No podemos decir ni que lo logre, ni que sea la única. Pero sí que ella implica una disputa por definir un concepto. No se trata de *el Estado*, sino de *una* conceptualización en juego. Sólo nos queda subrayar algunos puntos importantes.

La moralización, el gran obstáculo de la mediación cordobesa

Luego de haber reconstruido el contenido moral del programa de mediación, estamos en condiciones de esbozar algunos argumentos que aporten en la explicación de por qué la mediación no tiene en Córdoba el éxito que pretendería tener y termina siendo uno de los tantos programas deficientes e ineficaces que el gobierno pone en marcha.

Sostenemos que el mayor problema de la mediación reside justamente en su identidad, en sus fundamentos y objetivos, esto es, en la moralización. La pretensión de desplegar junto con este programa de resolución de conflictos un proyecto de moralización social es lo que llena de paradojas, inconsistencias y ambigüedades.

Inicialmente habíamos cuestionado la moralización como proyecto político, como proyecto de ingeniería social desde un punto de vista conceptual, teórico. En ese momento sosteníamos que gran parte de la explicación de la imposibilidad o dificultad de estas iniciativas se encontraba en que —por lo general— la mirada que intentaban instalar se presumía investida de objetividad, y justamente por eso no podía hacer coincidir sus objetivos con los modos y formas propias de los grupos sociales. Luego del análisis que realizamos tenemos además argumentos empíricos para mostrar cómo es que un proyecto de moralización, particularmente *este* proyecto de moralización, resulta completamente frágil. La moralización que desenvuelve la mediación es imposible que llegue a constituir un proyecto sólido porque parte de unos supuestos que la hacen inconsistente y paradójica, y lo percibimos en el análisis de las prácticas de la mediación. Una de las inconsistencias más importantes reside en el dilema *voluntariedad y/u obligatoriedad*, el cual crea un conflicto con el valor de la autodeterminación y de la responsabilidad, pilares de la moralidad que la mediación quiere generar. La poca cantidad de mediaciones espontáneamente voluntarias hace que éstas terminen siendo *inducidamente voluntarias* o directamente obligatorias. La manera en que se resuelve este problema termina generando un contexto que por definición es contradictorio a los valores morales que la mediación busca formar.

Por otra parte, la inevitable manera en que el derecho se hace presente en el interior del proceso de mediación es otro escollo que la moralización le imprime a la mediación. Vimos que el fundamento moral de ésta lleva a definir al derecho y la justicia como un impedimento para la consolidación de un nuevo modo de resolver los conflictos y en consecuencia como un obstáculo para la moralización misma. Y el derecho no sería un problema, no crearía contradicciones en el interior de la mediación si ella no tratara constantemente de desprenderse de él como si fuera un lastre. La dificultad no es el derecho en sí, o la justicia, sino la definición que la mediación construye sobre ellos para postular su idea moral. Aunque insistente y recurrentemente la mediación quiera separarse de la formalidad con la que el derecho resuelve los problemas de las personas, no lo consigue del todo. Esto porque el derecho se cuela necesariamente en la mediación, especialmente a través de los actores, y cuando esto sucede se elimina la posibilidad de crear el contexto que la mediación define como imprescindible y elemental para la moralización. Al mismo tiempo, la mediación mantiene una relación de ambigüedad con el derecho, porque si bien lo considera como el enemigo de la moralización, luego ante la falta de *voluntariedad espontánea* termina recurriendo a él y a sus mecanismos coercitivos para generar los casos que por sí misma no puede.

Todas las reflexiones refuerzan la idea de que el problema de la mediación reside en la moralización, no en los efectos no deseados o en la indeterminación del derecho o en la forma de hacerse la ley. El dilema yace en los propósitos que se plantea más allá de la ley y no necesariamente en ésta. Al estudiar el proyecto moralizador de la mediación, especialmente sus prácticas, podemos sostener que la ley no es el mayor problema de la mediación, más bien el gran obstáculo de la mediación es la moralización.

Si algo de esta compleja situación puede ser atribuido a la ley, es que probablemente ella deja demasiados baches que luego son *llenados* en la práctica de la mediación. Y así toma forma el fundamento moral de la misma. El modo en que se van completando estos espacios en blanco que deja la ley, aunque tiene una cuota de contingencia también tiene una de arbitrariedad definida por la coyuntura de actores y de situaciones institucionales de ese momento particular.

Es fundamental despojarla de su impronta moralizadora. Si a la mediación la *limpiáramos* de su proyecto moralizador y sólo asignáramos a ella la tarea de componer problemas entre las personas, no se generarían muchas de las paradojas e inconsistencias que encontramos al estudiar la *moralización* de la mediación. Una vez suprimido el proyecto moralizador muchas de sus inconsistencias se desvanecerían. Por lo tanto lo primero es comenzar a pensarla sólo como una instancia que podría contribuir a la resolución de conflictos, sin ningún plus de valores morales. Es más, éstos no son ni necesarios ni definitorios de la mediación como institución en general, sino sólo de este programa en particular.

Pero si a la mediación le quitamos el proyecto moral, ya no podríamos hablar del caso de Córdoba sin dejar de lado uno de sus rasgos esenciales. En Córdoba es inseparable el contenido moral. ¿Qué podemos imaginar respecto al por qué la mediación se mantiene en esos carriles más allá de los contundentes fracasos y tropiezos? ¿A quién le interesa que la moralización se intente de todas maneras y en esos términos? ¿Por qué seguir sosteniendo un proyecto como éste? Una respuesta podría centrarse en el sentimiento de desasosiego y aprehensión con el contexto actual y cotidiano, una visión negativa del ambiente social que interpreta las formas que adquieren las relaciones sociales como una pérdida de sentido de los fines sociales. Ante este panorama antiutópico, en lugar de una actitud pasiva de resignación y fatalismo, surge un anhelo por revertirlo. Y la investidura de formar parte de ese proyecto es atractivo para muchos. Pero más allá de que muchos de los actores de la mediación así lo vivan, no va por aquí el nudo de la respuesta. Más bien creemos que en este punto se vuelve relevante la definición del Estado que se juega en la mediación. Es allí donde podemos encontrar algunas pistas para entender la persistencia y la insistencia en la puesta en marcha de un proyecto de moralización. ¿Cómo es ese Estado que puede percibirse en las prácticas de la mediación así como en la idea de Estado que los actores tienen?; ¿en qué contexto entender este intento de definición, con qué consecuencias sociales?, son algunos de los puntos con los que intentaremos cerrar este estudio.

Sostendremos que en el proyecto de mediación estudiado, en los argumentos que se usan para justificarla, y en las prácticas y en los aspectos organizacionales, se gesta una idea y una forma de Estado que es congruente con un proyecto neoliberal definido por la lógica del mercado. En este contexto de explicación, el ámbito del manejo del conflicto constituye una pieza extremadamente sensible a esta definición de Estado. Junto a la concepción del conflicto, otras dos observaciones contribuyen a dar forma a esta definición que intenta instalarse: por un lado, el tipo de sociedad y de sujetos sociales que la mediación quiere conseguir y, por otro, la definición de justicia que la mediación configura. Desde luego —y repetimos— es *una* idea de Estado en competencia, que trata de imponerse —en el ámbito concreto de la resolución de conflictos— mediante instrumentos y prácticas concretas, pero es parte de un proceso, de una disputa por la definición del Estado en general.

El conflicto como ámbito de desbidujamiento de lo público

La mediación institucionaliza el conflicto dentro de una concepción particular del orden social. Quiere conseguir que las personas tomen conciencia de ellos como problemas que requieren solución, y que las consecuencias de no resolverlos —así como las maneras a las que están acostumbradas a recurrir para tratar sus asuntos— dejan secuelas demasiado graves en el tejido social. Al mismo tiempo, para un tipo de disputas, la mediación transforma en relaciones interpersonales lo que por siempre fueron relaciones legales y de derecho, y para otro tipo de disputas —que hasta ahora no habían requerido intromisión externa— instala la necesidad de hacerles pensar a las personas que necesitan intervención externa y que además esa injerencia puede ser estatal.

Este tipo de métodos para la resolución de conflictos puede ser entendido como parte de un fenómeno de despolitización, ya que explica que aunque en la mediación el Estado se expande con nuevos programas y políticas, termina produciendo un efecto contrario (Hofritcher 1987). El rasgo central de este giro es la privatización del conflicto, en la medida en que en lugar de personas confrontando la ley mediante un agente externo, la mediación las confronta entre ellas mismas. Y esta es una transformación fundamental. Bajo el supuesto de que los individuos son partes en un proceso que los relaciona de manera voluntaria e igualitaria, la mediación aparenta que son las personas mismas quienes tienen el control. Aunque no siempre así suceda.

En la mediación existe una marcada tendencia a introducir códigos diferentes de los del Estado, por eso ella se define como flexible, sin normas o estándares rígidos y formales, y sobre todo fundada en los modos de la vida cotidiana. Así, se reorganiza la modalidad de las relaciones entre personas de manera que el control sea inherente a las propias formas de los sujetos antes que externo o incluido en normas. En la mediación se desdibuja el lenguaje de la formalidad. El énfasis en los hechos y en las condiciones objetivas es suprimido o reemplazado por lo subjetivo: cómo uno se siente es más importante que qué ha sucedido.

Paralelamente, el aumento de la litigiosidad como diagnóstico de fondo de la necesidad de la mediación, junto a la interpretación de cualquier tipo de conflicto como un problema exclusivamente de comunicación, constituyen indicios claros de una pretensión orientada a contener y suprimir el conflicto, y no exclusivamente a *resolverlo*. Y aunque se sugiera la ampliación de la posibilidad para realizar demandas basadas en nuevos conflictos, el modo en que se desarrollan esas nuevas demandas indican más bien la tendencia opuesta, porque la propuesta es que esas disputas se resuelvan de una manera individual y privada.

Para Hofritcher (1987) una de las consecuencias más importantes de este proceso es la declinación de la política, en la medida en que limita el espacio de lo público. La mediación manifiesta estos rasgos porque lleva temas sociales a una esfera privada de problemas interpersonales. El énfasis que la mediación sitúa en la traducción de todo problema en uno de comunicación interpersonal ayuda a percibir esta idea.

Entonces, podríamos sugerir que la mediación es parte de un programa político que podría definirse no como *antiestatal* sino *antipúblico*: eliminaría aquellos aspectos y dimensiones que implican discusión, debate, participación pública; pero todo esto sin dejar de ser estatales en un sentido estricto, ya que son promovidos desde el ámbito del Estado. Por eso algunos entienden que antes que integrar a los ciudadanos en la política convencional, la mediación elimina la política misma. Se espera que las partes internalicen los valores del proceso, y lo que internalizan es una concepción del conflicto y el orden social que potencialmente limita y desorganiza la posibilidad de acción colectiva (Hofritcher, 1987). La imagen que emerge en las prácticas de Estado de la mediación es una que de-socializa el conflicto y transforma posibles problemas públicos y/o sociales en procesos privados. La mediación presume la imposición de una lógica de confianza en la comunidad, de mutua obligación; pero en realidad, antes que unir en asuntos comunes, individualiza. La posibilidad del debate público se debilita dentro de estos modelos, al punto de que algunos valores permanecen no cuestionados, particularmente a través de la idea de que hay demasiado conflicto en la sociedad y que la mediación es la solución.

La especificidad de los sujetos sociales en el modelo de mercado del proyecto neoliberal

La moral desplegada con la mediación implica una manera de entender a la sociedad como un sujeto colectivo comprometido con la reparación de los errores y daños cometidos por sus miembros individuales. La moral definida como responsabilidad individual y autodeterminación resuena en esta manera de entender a una sociedad que sea capaz no sólo de proveerse a sí misma los recursos para la *salud* de ese cuerpo social, sino de generar las condiciones para la constante reproducción de las condiciones que aseguren ese estado de *salud* deseado.

En nuestro programa de mediación encontramos algunos rasgos de la racionalidad del gobierno neoliberal, misma que concibe el gobierno de la sociedad a través de elecciones reguladas y realizadas por actores discretos y autónomos en el contexto de sus compromisos particulares (Rose, 1996). En este contexto, la especificidad de los *sujetos* es ser individuos activos en su propio gobierno. Y su responsabilidad ya no es entendida como una relación de obligación entre un ciudadano y la sociedad —promulgada y regulada a través de la intermediación del Estado—, sino que se trata de una relación de obediencia y responsabilidad de cada sujeto hacia sí mismo. Cada individuo está situado dentro de una variedad de diferentes redes de responsabilidad personal. Un rasgo central de este tipo de racionalidad de gobierno es la definición de una nueva relación entre las estrategias para el gobierno de los otros y las técnicas para el gobierno de uno mismo, situadas dentro de nuevas relaciones de obligación mutua (Rose, 1996). El peso del gobierno desplaza el eje desde un centro de gobierno hacia los mismos sujetos sociales.

La elección personal, el control sobre el propio destino, el autodesarrollo son algunos de los rasgos más importantes implicados en la moral de la autodeterminación y la responsabilidad. Y pueden, al mismo tiempo, leerse como los valores individualizados de la política neoliberal: como el surgimiento de una forma particular de conceptualizar y actuar sobre las relaciones entre el gobierno de la vida económica y del autogobierno del individuo. El objetivo último es que cada uno, cada sujeto, sea capaz de administrar su propia vida y elecciones dentro de términos y límites autorizados, integrados en las prácticas de la vida diaria, y sostenidos por unos heterogéneos ordenamientos de imágenes civilizadas y dispositivos para la promoción de un estilo de vida determinado (Rose, 1996). Esta transformación general en el gobierno de la conducta de los sujetos se vincula a una mutación en el gobierno de la vida económica.

Para Rose, una racionalidad gubernamental que gobierna a través de la activación de compromisos y elecciones individuales de los sujetos, a través de la moral personal se opone al modo centralizando del gobierno de lo social. Esta es la racionalidad de gobierno propia del neoliberalismo que desarrolla una noción de individuo como una empresa. Esto implica que existe un sentido en el cual cada sujeto continuamente debe permanecer empleado en esa empresa, y esto es parte de un negocio de vida continuo para realizar la provisión adecuada para la preservación, reproducción y reconstrucción del propio capital humano. Y el Estado queda como el árbitro de una continua transacción constante en la cual una parte (el sujeto individual) se esfuerza por mejorar el valor de su vida, mientras la otra parte (el Estado) intenta economizar el costo de esa vida (Gordon, 1991).

O´Malley (1995) identifica estos procesos como *el fenómeno del nuevo prudencialismo*: nuevamente los individuos son instados a tomar ellos mismos la responsabilidad de su propio bienestar y de todo aquello que amenace la seguridad de su estilo de vida. Para el autor, este prudencialismo contemporáneo difiere de otros porque en el actual la persona debe ser prudente en una forma individualizada, ya no mutualizada. La economía es redefinida como la inversión en un futuro estilo de vida y de libertad.

En este proceso se ponen de relieve ciertas características generales de las nuevas tecnologías de gobernar la conducta. Anteriormente bajo la racionalidad del bienestar, las tecnologías sociales eran usadas para civilizar a los individuos, haciéndolos ciudadanos con obligaciones para conducirse con prudencia a cambio de ciertas garantías contra la incertidumbre. En el nuevo régimen *prudencial*, los individuos, educados a través de mecanismos de mercadotecnia y pedagogías del consumo y estilo de vida, tienen acceso a los recursos para la promoción de su propia seguridad y bienestar individual por mecanismos de mercado; esto ejemplifica la diseminación de mecanismos a través de los cuales el consumo y el mercado se convierten en un poderoso nuevo mecanismo para el diseño de las conductas. Estos mecanismos no son guiados por una lógica política, no obstante hacen posible la transformación de las tecnologías políticas para el gobierno de la subjetividad (Rose, 1996).

Para el desarrollo de estas técnicas se elabora un diagnóstico que resalta la incapacidad y una especie de patología moral en la que los sujetos se encontrarían alienados por su dependencia. Luego, esta situación debe ser modificada y para eso se hace necesario equipar a los sujetos con ciertas capacidades subjetivas activas: deben tomar responsabilidades, mostrarse a sí mismos capaces de calcular la acción y la elección, deben dar forma a sus vidas de acuerdo con un código moral de responsabilidad individual y de obligación comunitaria.

La mirada profesional del ámbito de expertos para intervenir estos problemas se enfoca sobre la conducta misma y en la organización cognitiva y moral de la percepción, intención, acción y evaluación. El sujeto es entendido como un individuo que carece de las destrezas emocionales, prácticas, éticas y cognitivas para tomar la responsabilidad individual en la autogestión racional. Por eso, se trata de empoderar a los sujetos. Este *empoderamiento* implica educación y enseñanza, persuasión, para que se conduzcan dentro de comunidades culturales particulares con la ética y estilo de vida, de acuerdo con el arte de la responsabilidad activa. El énfasis de la mediación en desarrollar la capacidad de las personas de tener un papel de actor protagónico en su vida —en este caso a través del ámbito de la resolución de conflictos— es el sesgo de este programa que interviene para transmitir, bajo tutela y asistencia, los recursos para la autogestión activa.

Una definición armónica de justicia (y del derecho en general)

A la mediación le compete la forma en que se resuelven los conflictos. En tanto se trata de un área tradicionalmente estatal y exclusiva de la justicia, necesita crear una idea de justicia que sea *funcional* o acorde con esa situación. Necesita, para definirse, ubicarse a sí misma frente al modo estatalmente instituido de dirimir los conflictos. Como vimos, el modo en que la mediación elige definirse frente a la justicia es por oposición a ella, no sólo destacando los puntos de desacuerdo sino especialmente entendiendo esos aspectos como deficiencias de la justicia y como virtudes y atributos de la mediación. Así, la mediación plantea la distinción entre legalidad y moralidad. Y cuestiona a la justicia y al derecho por estar determinados por la formalidad de la ley.

La moralidad que la mediación pretende imponer se opone a la legalidad. Esta última se supone externa y se refiere a los comportamientos. La moralidad, en cambio, debe ser interna, individual y se refiere a las conciencias de los sujetos. La mediación procura organizar a la sociedad en torno a la moralidad, pero no repara en los problemas o consecuencias que implica semejante aspiración.

Entre otras cosas, no repara en la oposición fundamental con la que se constituyó el derecho moderno. Los señalamientos de la sociología del derecho moderno dan cuenta de la necesidad de ver no sólo el derecho en general, sino las instituciones y regulaciones responsables de su aplicación en particular como el "más visible y formalizado de los elementos de regulación y dirección de las vidas individuales, que posibilita una de las más elementales formas de constitución de la sociedad. El derecho no es tan sólo un mal necesario, sino la organización de la vida social en su forma más estable y precisa" (Cotterrell, 1999: 21). El mismo Weber —uno de los fundadores de la sociología moderna— se ocupa insistentemente de sostener y explicar cómo el derecho moderno pierde sus características morales y, así, demuestra el proceso de transformación de una institución definida a partir de un cúmulo de prácticas rituales con alta carga moral y emotiva en un proceso completamente desapasionado, abstracto y formal: el pensamiento legal moderno pone énfasis en la formalidad y los procedimientos antes que en los compromisos morales.[1] Las prácticas racionales y formales del derecho se contraponen a las formas afectivas, habituales o tradicionales del derecho en tanto las últimas son dictadas por la emoción, la costumbre u otros factores irracionales. Y así para Weber esta transición *de lo afectivo a lo racional* es un desarrollo claramente modernizador no sólo porque las prácticas están mejor informadas y son más eficientes sino porque se adaptan de manera más consciente a objetivos específicos (Garland, 1999).

La mediación, en cambio, al reclamar un contenido moral de la ley y la justicia, reactualiza el problema y nos pone enfrente una difícil e inusual agenda respecto al pensamiento legal moderno.[2] Ciertamente, uno

---

1 En este sentido, es que en una interpretación bastante generalizada se puede marcar la gran diferencia en las visiones del derecho entre Weber y Durkheim: la teoría del derecho que este último desarrolla no reconocería la moralidad como una dimensión separada y aparte de la ley.

2 Respecto a esto podríamos decir que el discurso de la mediación se diferencia de otros discursos que plantean teorías del derecho alternativas, pero que no omiten sino que discuten y pretenden superar este discurso. Podríamos mencionar como ejemplo el caso de los estudios críticos legales con quienes la mediación comparte la oposición a la neutralidad de la justicia encarnada en la labor de los jueces. Sin embargo, este rasgo en común tiene muy poco alcance porque cada uno se opone por razones muy distintas. La mediación y los estu-

de los atributos del derecho como institución moderna es que su desempeño es desapasionado, rutinario e impersonal. La racionalización del derecho sustituyó la evaluación de las actitudes (la buena fe o el sentimiento de venganza) como el elemento significativo del criterio de la justicia (Weber en: Rheinstein, 1967). Pero la mediación, en lugar de eliminar el lugar de lo valorativo y la moralidad, por el contrario, lo promueve. El cuestionamiento que ella realiza a la justicia formal por falta de moral —en tanto juzga de acuerdo con un sentimiento concreto, abstracto y acotado—, lleva implícita la probabilidad de la arbitrariedad y la subjetividad, del condicionamiento ético, político o social. Todas las características que la constitución del derecho moderno se ocupó de superar.

> La vieja justicia es movida por la simpatía, la preferencia, la gratitud, pero la cultura moderna *requiere* para su supervivencia un aparato externo que aísle lo emocional, que sea rigurosamente profesional, experto. Todos estos elementos son provistos por la estructura burocrática. La burocracia provee a la administración de justicia un fundamento para la realización de un cuerpo de derecho racional conceptualmente sistematizado en la base del derecho (Weber en: Rheinstein, 1967: 351).

La adjudicación racional en la base de los conceptos legales, formales y rigurosos contrasta con un tipo de adjudicación guiado primariamente por tradiciones, sentimientos sin encontrar en ellos una base

---

dios críticos legales comparten este malestar con el modelo de neutralidad judicial pero los segundos se oponen a la neutralidad para mostrar el carácter ideológico y los efectos políticos de la labor de los jueces. En cambio la mediación simplemente se limita a sostener que la neutralidad es mala porque con ella no se llega a la realidad de las personas, por lo tanto es necesario un sistema como la mediación que recupere estos elementos olvidados por el derecho. Los estudios críticos legales quieren demostrar que la neutralidad, aunque es la mejor opción, no es real porque esconde el carácter ideológico del derecho: el discurso de la coherencia y la neutralidad hace parecer justo, natural, el funcionamiento de un sistema jurídico que tiende a favorecer los intereses de los grupos que tienen más información sobre las normas y mayor poder económico para defender sus intereses (Kennedy, 2002). En el discurso de la mediación no es posible hallar ningún argumento de este tipo, ni siquiera como elementos de legitimación. Tampoco pretende conseguir legitimidad discutiendo cuestiones de fondo respecto a las formas del derecho.

clara para la decisión de casos concretos. En cambio la mediación propone que los casos se decidan en función de los sentimientos y lo que las personas logren expresar o comunicar.[3]

La autodeterminación y la responsabilidad como los valores de la moral que promueve la mediación se vinculan a una mirada pastoralista y coinciden con el proyecto neoliberal. Los valores que promueve la moral de la mediación son valores individualizantes, no son fuerzas morales que cohesionen socialmente. Llevan a que los individuos sean libres persiguiendo sus fines y se respeten unos a otros, pero no a que produzcan un efecto de *cemento social* ni de responsabilidad colectiva. El objetivo es el individuo, no el grupo social. Lo que a primera vista podría leerse como un objetivo social-colectivo (la moralización como proyecto social) es en verdad un objetivo individualizado. La moral de la mediación es una moral de la individualidad.

Y, en definitiva, una manera de constituir un modelo de justicia que se ejecute por la responsabilidad y la autonomía de los sujetos es similar a sostener un modelo de justicia regido por mecanismos similares a los del mercado. Así, en la moral que la mediación pretende instituir encontramos una metáfora de la justicia del mercado, en donde interactúan individuos que deben ser responsables y autónomos para sobrevivir y para reproducir las mejores condiciones de su estilo de vida o, en otras palabras, para competir. Ya no está el Estado allí para garantizar ni las condiciones ni las reglas de la reproducción. Los sujetos no tienen entonces más que a sí mismos para demandar, interpelar, cuestionar. Y esto supondría un resultado justo. En el proyecto de moralización el Estado se descarga de la obligación de coaccionar y de sancionar. La coerción del mercado por sí sola es la que va a producir justicia.[4]

---

3 La caracterización del derecho moderno secularizado como contraposición a la mirada de la justicia que construye el discurso de la mediación, no puede ser llevado más lejos que como una ilustración del debate. Y esto fundamentalmente porque la racionalización, positividad y formalismo del derecho moderno —especialmente para Weber— son las características necesarias para hacer consistente el orden legal con el orden económico capitalista. Para el caso de la mediación queremos mostrar justamente lo opuesto: que esa manera de entender la justicia es completamente compatible con el orden económico (neoliberal).

4 Agradezco estas observaciones a Fernando Escalante G.

Estado y oportunidades para la mediación

Todo lo expresado en este libro giró en torno a un pequeño caso: un programa de mediación puesto en marcha desde y en el ámbito del Estado. El recorrido analítico que realizamos logró demostrar la importancia del contenido moral de ese programa para la resolución de conflictos así como su complejidad. El camino elegido, el estudio de las prácticas de actores locales y concretos, situados en un contexto delimitado, nos permitió establecer algunos lineamientos que puestos en perspectiva nos hablaron de algo más que de un minúsculo conjunto de prácticas estatales y de visiones de modos de gobierno, y de ideas acerca del Estado. Concluimos con dos reflexiones. La primera referida al papel del Estado en este proyecto. La segunda, a los aspectos que el estudio de esta experiencia nos deja como aprendizajes para el desarrollo de la mediación.

Más allá de la incertidumbre y la poca claridad que las prácticas de la mediación nos mostraron, no es casualidad la idea de Estado que encontramos, así como el modelo de justicia basado en los principios del mercado. No podríamos afirmar ciertamente que son los intereses del "mercado global" los que mueven a estos actores a pensar como piensan, a convencerse de que la utopía del cambio social es posible y a actuar en consecuencia. Esto implicaría adoptar una visión *conspirativa* del gobierno. Creemos que aunque el poder de algunos discursos y actores es *real* y que también existen intereses concretos que se juegan en estos procesos, también existe una alta cuota de contingencia definida por los contextos institucionales locales y acotados. Por otra parte, no nos quedan dudas de que el convencimiento y el compromiso de los actores que pensaron, diseñaron e implementan el programa son genuinos. Sin embargo, la magnitud y el alcance de la tarea que emprenden y desarrollan —y especialmente de las implicaciones de la misma— trascienden esas convicciones.

El concepto de Estado que adoptamos no nos permitiría afirmar que es *el Estado cordobés*, como si fuese *un* sujeto con nombre propio, el que desarrolla la mediación para generar ciudadanos morales y así contribuir, por ejemplo, al gran proyecto global del neoliberalismo. Y no nos lo permitiría porque caeríamos en una incoherencia conceptual. Tampoco se trata de entender al Estado como un receptáculo pasivo del que algunos actores sin siquiera demasiado poder hacen y deshacen a su antojo. Este análisis nos permitió ver cómo el ámbito del Estado se convierte en una arena que proporciona herramientas legales, medios materiales e instrumentos simbólicos —especialmente la legitimidad de la política y la ley—, y de esta manera contribuye a la articulación de un conjunto diverso de actores públicos y privados, para que den forma a una idea sobre el deber ser social e impulsen una serie de prácticas para concretarlo. La mediación es un proyecto del Estado en el sentido de que se desarrolla en el ámbito estatal y despliega herramientas que le son exclusivas e inherentes a él tales como la producción de leyes y la política pública. Pero volviendo a nuestra manera de definir al Estado, no se trata de *el* Estado, sino un grupo de actores locales que en el marco que el Estado ofrece desarrollan este proyecto. Claro, la consecuencia no es menor ya que terminan ejecutando, implementando, desarrollando con más o menos éxito algunos aspectos de una agenda más amplia —que probablemente no sea la de ese grupo minúsculo de actores—, de otros actores de carácter global cuyos intereses tal vez ni siquiera tengan que ver con el ámbito de la resolución de conflictos. Se trata de un proyecto que en el nombre de y en el ámbito del Estado compite con otros similares —y probablemente opuestos— pero que dan forma a las lógicas que definen la idea general del Estado y de las modalidades en que éste puede interferir en la vida de las personas.

En este estudio pudimos ver que la moralización —si bien a simple vista se plantea como natural, incuestionada y además intrascendente al punto de que puede pasar completamente inadvertida en tanto que ni siquiera es parte conceptual o constitutiva de la ley de mediación—, cuando es desnaturalizada y la cuestionada en profundidad nos presenta elementos que podrían ser indicios de una idea de gobierno de lo social que no pertenece a los actores que ejecutan el programa. Es más, como ya dijimos, estos actores locales y situados quizás sean los únicos convencidos de la moralización, de la vocación, de la posibilidad de acercar a la sociedad a estados mejores. Y es a través de ellos, de estos microcontextos, por los que pasa y se ejecutan ideas y proyectos de gobierno, modelos de mercado y de sociedad mucho más generales. Pero debido a que todo sucede en el ámbito del Estado esto adquiere otra dimensión, de allí su importancia. Si otros actores desarrollasen las mismas actividades con los mismos fundamentos pero de manera independiente, en el ámbito de la sociedad civil por ejemplo, el problema pertenecería a otra lógica de acontecimientos. Aunque el alcance del programa de mediación estudiado sea ínfimo o mínimo, no puede pasar inadvertido.

Por último queremos preguntarnos, más allá de las inconsistencias y dificultades estructurales de la mediación cordobesa, ¿qué aspectos pueden rescatarse de este programa aquí estudiado, que sirvan de aprendizaje para otras experiencias? Haber defendido y argumentado la inviabilidad de la moralización no es un camino que nos lleve a emitir un juicio similar sobre la mediación en general, como instancia para la resolución de conflictos. Ahora bien, ¿es esto lo único que la mediación necesita para constituirse en una herramienta valiosa de resolución de conflictos? Si fuese así, sólo sería una salida apresurada que iría a contramano de la complejidad que a lo largo de todas las páginas nos esforzamos por demostrar. Por lo tanto, sólo es el primer punto en el recuento de lo que nos deja la experiencia aquí analizada. La mediación, aun despojada de la moralización –es decir, con otros objetivos y fundamentos--, obliga a una extremadamente cuidadosa consideración de varios aspectos entre los que se destacan el uso y el manejo del derecho, el carácter voluntario de la misma, el ámbito de aplicación y la forma de concebir el conflicto.

La mediación tiene un potencial. Sólo que de la manera en que se implementa, quedan subutilizadas estas ventajas y se destacan en cambio sus aspectos negativos. Un tema central para tener en cuenta es su aplicabilidad en el marco del Estado. Creemos que esto es problemático y solamente se podría superar teniendo una clara noción de lo que con ella se quiere conseguir. Como mostramos más arriba, el derecho le introduce una complejidad inevitable a la mediación, por lo tanto es necesaria una clara posición que controle rigurosamente este asunto. El otro aspecto es el de la voluntariedad. Por un lado, creemos que si no es voluntaria, difícilmente puede lograr algo. No obstante, la experiencia muestra que la mediación voluntaria no funciona. La coerción no puede ser utilizada a discreción y mucho menos para corregir fallas profundas inherentes a un proyecto. En este caso, creemos que deberían considerarse y ponderarse algunos elementos y argumentos relativos a la técnica legislativa (por ejemplo habría que indagar de manera más firme el rasgo de la indeterminación del derecho), y en especial pensar los arreglos legales *desde* la sociedad, sus costumbres y necesidades y no fuera de ella.[5]

Si aún se insiste en mantenerla en el ámbito del Estado, el ámbito judicial podría ser un espacio apropiado para implementarla exitosamente, pero para evitar las inconsistencias del derecho y la voluntariedad *asistida*, es recomendable pensarla como etapa previa a un juicio y aplicable con operadores legales. Así, podría constituirse en una herramienta útil para liberar los tribunales y contribuir de manera práctica a la solución de algunos conflictos. Sin duda existen muchas experiencias valiosas en este sentido, y la misma mediación judicial en Córdoba podría convertirse en esto.

Además de una revisión del ámbito de aplicación, la tarea de potenciar los posibles aspectos positivos de la mediación debe comenzar por cuestionar también la escala o contexto de su aplicabilidad. En este sentido creemos que otro ámbito de aplicación en el que pueden aflorar algunas de sus ventajas, es poniéndola a disposición de actores institucionales para resolver asuntos internos: organizaciones, escuelas, empresas, etcétera. En contextos de pequeña escala es más probable que emerja el lado deseable de la mediación antes que el problemático. Sin embargo, para que esto ocurra, aun en estos casos, es fundamental controlar la manera de entender el conflicto. Si bien creemos que en este tipo de contextos pequeños la mediación puede ser una buena herramienta por la que manifestar ciertos conflictos, en ningún caso debería poner entre paréntesis –en aras de lograr un consenso-- ningún aspecto que pueda ser fundamental para el conflicto, ni mucho menos perder de vista que la comunicación es nada más que una herramienta, no el fondo de los conflictos. Cuestiones de igualdad y control estricto de la equidad también necesitan ser tomados en serio para que el proceso pueda ser beneficioso. Pero claro, las líneas que dividen estas nociones son muy delgadas. Por lo tanto sería necesario discutir la posibilidad de encontrar los mecanismos adecuados para evitar estos problemas y caer en los mismos

---

5 Quedan muchos aspectos pendientes de investigación, y uno fundamental es una aproximación desde la perspectiva de los actores usuarios de este tipo de programas. Nuestro estudio estuvo enfocado en la programación de la política, en los actores que diseñan e implementan esa política. La otra parte del problema de la moralización del Estado sin duda reside en los sujetos sobre los que recae el programa. La explicación del problema de la moralización podría enriquecerse con el estudio de la lógica de la respuesta de la sociedad.

errores de la experiencia analizada. Es necesaria mucha discusión todavía. Sin una predisposición a revisar estas condiciones difícilmente podamos descubrir su potencial. Sin la debida atención de estos aspectos, será difícil que podamos pensar en la mediación como una herramienta que contribuya no tanto a *componer lo que el conflicto ha roto* sino a entenderlo como parte constitutiva del orden social.

Creemos haber llegado al fondo de este proyecto de moralización desarrollado en el ámbito del Estado. No sólo para expresar las debilidades y en este sentido contribuir al fortalecimiento de la puesta en marcha de programas de gobierno, sino también para aportar elementos que ayuden a dilucidar la complejidad de la lógica de la vinculación entre el Estado y la sociedad.

Anexos

La trayectoria legislativa de la mediación en la provincia de Córdoba

Siguiendo a Azuela (2006) entendemos que la actividad legislativa es un proceso por el cual, al amparo de la representación política legislativa, ciertas expectativas se convierten en un conjunto de enunciados jurídicos de carácter general que autorizan unas prácticas y desautorizan otras. El propósito de esta sección es contar la historia de la mediación en Córdoba. Contarla implica relatar la historia legislativa de esta institución. Proponemos una lectura de cómo, desde el inicio, las cosas sucedieron y manifestaron problemas y confrontaciones. Aunque no realicemos un profundo y acabado estudio sociológico de este proceso de institucionalización, el análisis de su trayectoria es útil porque aporta una idea general del mapa (contexto, actores, intereses, posicionamientos) de la mediación en su etapa legislativa. Es en el marco de las cámaras de diputados y senadores donde se genera un espacio para discutir sobre las posibles definiciones, roles, fundamentos y actores que darán forma a la mediación en Córdoba. Intentaremos además ubicar en el marco legal el lugar y el carácter del contenido moral de este programa. Entender la configuración actual de la mediación requiere de un acercamiento que preste relevancia y articule en un todo significativo ciertos acontecimientos que prefiguraron, constituyeron y consolidaron el actual escenario en el cual tiene lugar nuestra aproximación analítica.

Los puntos de acuerdo

Entre los años 1995 y 1997 ingresa por primera vez al poder legislativo, de la mano del oficialismo —Unión Cívica Radical (UCR) en ese momento—, el tema de la mediación. Ésta ingresa por dos vías diferentes: la Cámara de Senadores y de Diputados. Por cada una de estas dos vías se elaboraron y sancionaron dos leyes —8612 y 8613— que luego fueron vetadas por el poder ejecutivo.

Las posiciones encontradas fueron muchas, pero no todo fue enfrentamiento y oposición. O al menos no de forma tan definitiva como para que el proceso se trabara. Antes de reconstruir el proceso de disputa señalemos los puntos que generaron consenso desde un primer momento.

-*Un diagnóstico sobre la necesidad de la mediación.* Una idea estaba clara y en ella todos coincidían: la sociedad es cada vez más litigiosa y conflictiva. En este marco era importante la mediación porque prometía desacelerar la litigiosidad de la sociedad evitando la judicialización de casi el 60% de los casos —según los registros nacionales—. Es necesario observar que el consenso en el diagnóstico supone una relación entre conflicto, mediación y acuerdo. Estos aspectos no se cuestionaron en ningún momento del debate legislativo. Por el contrario, en el proceso llegó a naturalizarse la relación causa-efecto entre nivel de litigiosidad e intervención de la mediación. Nunca se puso en duda o al menos se disputó la idea que asegura que la mediación es una buena medida para bajar el nivel de conflicto de la sociedad. Ni en ese momento ni ahora. Menos aún se profundizó el análisis cualitativo de ese tan problemático aumento de la litigiosidad.

-*Los principios de la mediación.* El conjunto de principios que la ley establecía fue otro de los puntos que mayor consenso produjo. Desde un inicio quedó establecido que el procedimiento de la mediación debería asegurar *neutralidad, confidencialidad y comunicación* directa entre las partes. En las sucesivas modificaciones del proyecto original se agregó a la lista el *consentimiento informado.* No fue necesario volver a discutir sobre ellos, excepto en un punto: la introducción de *justa composición de intereses* fue modificada por el de *satisfactoria compo-*

sición de intereses justificado en que no era adecuado hablar de *justa composición* porque "en la génesis misma de todo el procedimiento de la mediación se encuentra la figura histórica de la transacción en virtud de la cual las partes mediante concesiones recíprocas ponen fin a sus mutuas pretensiones" (Diario de Sesiones de la Cámara de Senadores de la Provincia de Córdoba, núm. 14, 2000: 1105). En suma, la justificación era que el proceso no se atenía al marco del derecho tradicional, por lo tanto no era oportuno referirse al resultado como justo.

-*Los procedimientos*. En cuanto a los aspectos procedimentales, las pocas controversias planteadas se generaron en torno a los honorarios o remuneración de los mediadores, los requisitos de profesión para ser mediador, y algunos otros detalles que son de poca significatividad para el propósito de este apartado.[1]

Las desavenencias

Es aún más interesante reparar en los desacuerdos generados entre las distintas posiciones: definir la mediación implicaba decidir sobre tres tópicos:

1) *Su lugar respecto del proceso judicial*. Las opciones aquí eran instituirla como una etapa dentro del proceso judicial o previa al mismo, o bien mantenerla completamente ajena y al margen de lo judicial.

2) *Que fuera voluntaria u obligatoria*.

3) *Determinar su ámbito de competencia*. Esto suponía conferir poder a tres tipos de actores: el Poder Judicial (encarnado en la figura del Tribunal Superior de Justicia, TSJ); el Poder Ejecutivo (encarnado en un primer momento en la figura del Ministerio de Asuntos Institucionales y Desarrollo Social y luego de la reforma del Estado en 1999 en la del Ministerio de Justicia), y organizaciones de la sociedad civil (especialmente de la Federación y el Colegio de Abogados de la provincia).

---

1 Por nombrar algunos: los plazos de recusación de los mediadores para no aceptar una causa y los referidos al tiempo que tienen las partes para aceptar la comunicación de asistir a mediación.

Estos tres aspectos marcaron la trayectoria de la discusión legislativa y dieron forma a un debate que ponía en juego nada menos que la definición de la mediación. De estos tres aspectos, el tercero fue el que en definitiva condicionó el proceso entero: el rasgo sobresaliente y que le imprimió un carácter al proceso legislativo fue una clara puja de poderes y posicionamientos entre el Poder Judicial y el Poder Ejecutivo.

El proyecto original, *proyecto Savid* como fue reconocido en mención a su autor, siguiendo el modelo vigente en Buenos Aires, proponía que la mediación debía ser prejurisdiccional pero en el marco del Poder Judicial y de carácter obligatorio.[2] Prejurisdiccional significa anterior al litigio, mas no fuera del sistema de justicia. Esta opción tenía que ser obligatoria y dado que todos los juicios deberían pasar por mediación antes de iniciar el proceso propiamente dicho, quedaba garantizado que todo el mundo supiera de su existencia.

La obligatoriedad no era lo óptimo, pero se planteaba como imprescindible para que las personas la conocieran. Esta primera definición de la mediación no negaba la mediación privada o extrajudicial, pero tampoco la regulaba. Simplemente no la consideraba.

Los legisladores, después de la discusión en comisiones y de una consulta a sectores de la sociedad interesados, propusieron una nueva definición que distinguía la mediación judicial de la extrajudicial. La primera quedaría obligatoria en la etapa previa a la apertura a pruebas, pero posterior a la admisión de la demanda: se eliminaba así el carácter de prejudicial que ya no recuperaría. Sería el Tribunal Superior de Justicia el que ejerciera la superintendencia de la mediación judicial, pero éste podría delegar funciones operativas respecto de la administración de los mediadores a los colegios de abogados de la provincia. Mucho énfasis se puso respecto al carácter necesariamente voluntario de la mediación; claro que lo voluntario era el acuerdo, no la asistencia a la instancia.

La mediación no judicial quedaba para causas particulares llevadas directamente allí por voluntad exclusiva de las partes, no obstante se regiría por la misma ley y era asignada al Ministerio de Asuntos Institucionales y Desarrollo Social. Éste es otro de los aspectos que ya no se modificó.[3]

---

[2] Por supuesto que se planteaban excepciones a la obligatoriedad, entre ellas las causas penales.

[3] Excepto porque este Ministerio desapareció y se creó el de Justicia.

La oposición justicialista[4] en el recinto manifestaba la imposibilidad de imaginar la mediación al margen del derecho, por lo tanto no cabía posibilidad de plantear una mediación extrajudicial. Estas mismas críticas se repetían en un despacho propio de un bloque independiente. Por último, otro de los bloques opositores, la Unión de Centro Democrático (UCeDe), cuestionaba que el proyecto de la mayoría trataba por igual a la mediación judicial y extrajudicial, las regía un mismo marco regulatorio. La moción de este senador Bianco, por ejemplo, sostenía que la extrajudicial no debía ser reglamentarista porque esto podría llevar al planteamiento de situaciones absurdas.[5]

Luego de haber pasado por la Cámara de Diputados, dos modificaciones fundamentales generaron el consenso necesario para una aprobación del proyecto. Por un lado, la aprobación de una experiencia piloto por dieciocho meses; por el otro, y más importante todavía, era la que indicaba que sería el Tribunal Superior de Justicia quien tendría la exclusividad de regir ambos tipos de mediaciones (judicial y extra). Es decir, en lo fundamental la ley se aprobaba como obligatoria para algunos casos judiciales, voluntaria para todo lo extrajudicial y a cargo del Tribunal Superior de Justicia (TSJ). Y junto a esta ley, se elevaba otra (la ley 8613) para crear el Centro Público de Mediación dentro del Superior Tribunal.[6]

---

4 Partido Justicialista, el cual junto con otros partidos provinciales luego constituyó la coalición Unión por Córdoba que asumió el gobierno a mediados de 1999.

5 En su intervención, el legislador argumentaba que reglamentando la mediación no judicial se llegaría a situaciones disparatadas y ponía como ejemplo que si se reglamentaba el arreglo de disputas entre particulares, también podría por ejemplo reglamentarse un sistema para todas las personas que tuvieran accidentes de auto. Este sistema regularía los servicios del taller de reparación, las matrículas de los chapistas, los plazos para la entrega del auto arreglado, la formación de los chapistas, el tribunal de ética que evaluara el trabajo realizado, y cosas así. Es interesante mostrar la ironía de este senador, porque lo que él estaba cuestionando era que una ley de mediación no judicial se entrometía en asuntos estrictamente privados, que caería en el abandono del uso por el tipo de situaciones desprolijas a las que daba lugar. Y en parte esto es lo que sucede actualmente con la mediación extrajudicial. Véase intervención del senador Bianco (Diario de Sesiones de la Cámara de Senadores, núm. 35, 1996, p. 2364).

6 La ley 8613, un proyecto ingresado por algunos diputados del bloque oficialista, creaba el Centro Público de Mediación como experiencia piloto, dependía del Tribunal Superior de Justicia, era competente para el desarrollo de la mediación judicial y extrajudicial. El centro estaría integrado por profesionales abogados mediadores en causas judiciales y mediadores de otras disciplinas para las causas extrajudiciales. La prueba piloto se llevaría adelante

El veto

El 3 de julio de 1997 las cámaras de diputados y senadores de la Provincia sancionan las dos leyes y semanas después fueron vetadas por el Poder Ejecutivo. Los fundamentos técnicos del veto indicaban que ambas leyes legislaban sobre una misma materia: mientras una ley crea la Oficina de Habilitación y Registro dependiente del TSJ, la otra crea en el mismo ámbito el Centro Público de Mediación, que si bien cumplen diferentes funciones, tienen una misma identidad conceptual (Archivo de la Legislatura Provincial, 1997). Sostenía, además, que la proliferación de la regulación de la materia mediación era innecesaria y afectaba la validez del instituto que creaba, al tiempo que acrecentaba la inseguridad jurídica en el nuevo sistema. En el veto el Ejecutivo se manifestaba dispuesto a legislar en favor de un procedimiento alternativo para la resolución de disputas, pero indicaba que la experiencia piloto se podía llevar adelante sin necesidad de una nueva legislación. Al respecto sostenía que esta nueva forma de solucionar diferendos entre partes no sólo implica un cambio en la legislación, sino también un desafío cultural que de ser socialmente admitido puede traer un beneficio para el Estado y para las partes. Por el contrario, si esta experiencia no es receptada y fracasa, quedará para el Estado una carga presupuestaria innecesaria de alentar (Archivo de la Legislatura Provincial, 1997). Lo que luego fue desconcertante respecto del accionar del Poder Ejecutivo fue que un año después volvió sobre el tema desdiciendo algunos de estos fundamentos.

Al año del veto el TSJ eleva al Poder Ejecutivo —para que éste envíe a la Cámara de Diputados— otro proyecto de ley de mediación. Será éste el proyecto que finalmente terminaría siendo la ley 8858. En definitiva se trataba de un proyecto casi idéntico al vetado, y esto es lo que siembra dudas respecto a cuáles eran las razones reales del veto. Eran idénticos excepto por dos diferencias. La primera, que ya estaba funcionando la ex-

---

con juzgados en materia civil, comercial, de familia y penal, los cuales podrían derivar al Centro Público de Mediación aquellas causas que contaran con el acuerdo de las partes. La idea del proyecto elevado por la diputada Arana —no del aprobado— de creación del Centro establecía que el mismo dependiera del Ministerio de Asuntos Institucionales y Desarrollo Social del gobierno provincial. Así hubiera tenido sentido la existencia de dos leyes. Pero al aprobarse como dependiente del TSJ, quedó marcada la redundancia con el proyecto de Savid.

periencia piloto. En este ámbito, el veto del año 1999 se entiende como la intención de que hubiera una experiencia previa en el Poder Judicial para poder recabar información y datos que pudieran sostener la legislación, y fue el Tribunal Superior de Justicia quien asumió la tarea. La segunda, y tal vez la más significativa, su autor: ya no era un legislador individual, sino que era el máximo tribunal de la provincia el que ingresaba el proyecto a la legislatura. De esta manera, el proyecto desdecía y quitaba importancia a varios de los argumentos del veto.

No todos vieron cumplidas sus expectativas iniciales. Los más desfavorecidos o descontentos fueron los iniciadores del proyecto. Para ellos el veto obedeció a una puja de intereses, a un problema institucional y político pero no al fundamento de la ley. El veto nunca fue debatido en ninguna de las dos cámaras, luego esto será criticado por más de un legislador.

La futura 8858: la posición del Tribunal Superior de Justicia

Como vimos, ese proyecto lo elaboró el centro piloto de mediación del TSJ que ya se encontraba funcionando.[7] En lo fundamental, el proyecto volvía a sentar las bases del debate acerca de *a quién le corresponde* cargar con la exclusividad de la mediación optando por el Poder Judicial en su *carácter de único, específico y esencial ámbito en el cual tratar la resolución de los conflictos* (Archivo de la Legislatura Provincial).[8] Además, remarcaba la confiabilidad del nuevo sistema justamente por estar dentro del ámbito tradicional de la justicia y no fuera de él. En cuanto a lo voluntario o no, aunque el texto cita que sería voluntaria, también se instituía excepcionalmente como obligatoria. La excepcionalidad terminaría siendo la cláusula que mayor cantidad de casos aporte, por eso es que hoy coloquialmente se entiende que la mediación judicial es obli-

7 Se indica en el mensaje de elevación a la legislatura que el proyecto fue elaborado en estrecha colaboración de un consejo asesor integrado por miembros de la Asociación de Magistrados, el Poder Judicial, abogados en el ejercicio de la profesión, mediadores, representantes del Colegio de Abogados de Córdoba y de la Facultad de Derecho y Ciencias Sociales de la Universidad Nacional de Córdoba. Aunque estos son los autores reconocidos por el Ejecutivo y el TSJ, esta participación es relativa, ya que muchos actores no se reconocen como interlocutores y sostienen no haber sido tenidos en cuenta.

8 Fundamento del Ejecutivo en el momento de elevar el proyecto.

gatoria. Las mismas excepciones son las que rigen hoy la actual ley y todos acuerdan en que es obligatoria. Esto nos lleva a pensar en la lucha por la inclusión de las definiciones dentro del cuerpo legal. La mediación claramente *es* voluntaria, esa es la primera definición que aparece en el articulado. Al mismo tiempo, la definición de las excepciones hace que en la práctica la mediación sea nombrada como obligatoria. Este aspecto es uno más de los tantos que encontraremos a lo largo de este trabajo que —al menos en principio— expresarían un problema de consecuencias no deseadas —no planeadas— y que remiten a la cuestión de la capacidad del derecho de prever un ámbito social en funcionamiento.

Un dato que merece ser considerado es que inmediatamente posterior a la introducción del nuevo proyecto de mediación sucedió un cambio de autoridades provinciales y la gobernación pasó a manos de la anterior oposición. Más allá del cambio en el Ejecutivo, en el Legislativo continuaría la mayoría del bloque de la Unión Cívica Radical unos meses más. El otro aspecto importante es que se crea el Ministerio de Justicia, y a partir de ese momento éste será el ámbito de disputa del Poder Ejecutivo.

El nuevo oficialismo en la legislatura (coalición Unión por Córdoba) intenta sin éxito cambiar nuevamente el ámbito de autoridad de la nueva institución y amparándose en la imposibilidad de que la mediación funcione *con dos cabezas* insiste en mantener todo bajo la órbita del (nuevo) Ejecutivo (en el recientemente creado Ministerio de Justicia). De esta manera, al quitarle todo tipo de incumbencia al Poder Judicial, el nuevo oficialismo estaba proponiendo, además, excluir la mediación judicial (Diario de Sesiones de la Cámara de Diputados de la Provincia de Córdoba, 1999). Este nuevo intento no se defiende con argumentos en los cuales se perciba una pretensión de definir a la mediación. Más bien, este aspecto queda en un plano muy secundario y los argumentos que se resaltan para justificar la propuesta recaen en las diferencias de voluntad política del anterior y actual Ejecutivo. En esta etapa la disputa por el ámbito de autoridad de la mediación parece no tener nada que ver con la naturaleza de la misma. La idea general de esa discusión era que el anterior Ejecutivo había mostrado su desinterés en el tema al vetar las leyes, y por el contrario en el nuevo gobierno sí se encontraba la decisión política de llevar adelante la institución (Diario de Sesiones de la Cámara de Diputados de la Prov. de Córdoba, 1999). La lectura que se puede hacer de esto es que aprobar el proyecto tal como venía del anterior ejecutivo era darle la autoridad de la norma al Tribunal Superior de Justicia; en cambio promover la autoridad del nuevo Ministerio de Justicia significaba en definitiva promover el nuevo gobierno.

El proyecto que finalmente se vota es el del TSJ, previamente a haber cedido algo: la división de la autoridad de aplicación de la mediación entre el Poder Judicial (TSJ.) y el Ministerio de Justicia (Poder Ejecutivo) a partir de la creación de dos centros públicos, uno judicial y otro extrajudicial en dependencias de cada uno de los poderes señalados.[9] Las diferencias, no obstante, parecen haber quedado en la Cámara de Diputados ya que la última vez que la mediación es discutida en el recinto legislativo, "el aire que se respira en la cámara de senadores es uno en el que todos hemos sido escuchados" (Diario de Sesiones de la Cámara de Senadores de la Provincia de Córdoba, tomo I, 2000: 1108). Aunque los senadores quisieron transmitir el mensaje de que las diferencias ya estaban saldadas y todos estaban de acuerdo, eso no era más que un formalismo retórico y que las diferencias y quejas no tardarían en volver a manifestarse.

Disputa de "poderes"

Repasemos rápidamente el panorama de actores y sus movimientos: durante la gestión de la Unión Cívica Radical, un Poder Ejecutivo que promueve el protagonismo (o responde a las iniciativas) del Judicial.[10] En cambio, la segunda etapa (gobierno coalición justicialista), muestra un Ejecutivo cuyos intereses son defendidos en la legislatura en detrimento del Poder Judicial.[11] Lo paradójico es que cuando este bloque era

9 Los legisladores de la UCR era quienes venían apoyando el proyecto que su propio Ejecutivo había introducido en la legislatura, y aunque en ese momento eran oposición, aún eran mayoría en las cámaras. Por eso se explica que el proyecto del nuevo ejecutivo justicialista perdiera fuerza en las votaciones.

10 Porque veta una ley que quita exclusividad al Poder Judicial y luego ingresa a la Cámara el proyecto elaborado por éste.

11 Los legisladores justicialistas hacen un último intento por quitar la mediación del ámbito del Poder Judicial y otorgarle autoridad completa al Ejecutivo en el Ministerio de Justicia.

oposición, fervientemente sostenía la imposibilidad de pensar la mediación por fuera del derecho y por fuera del Poder Judicial. Luego dio un giro completo de manera que en las últimas discusiones defendía la idea opuesta.

No le corresponde a este trabajo indagar en las lógicas de estos intereses, sino sólo mostrar un mapa con diferentes actores cuyas prácticas dejaban entrever una transformación de los intereses que es difícil de seguir desde una lucha por el concepto de la mediación. Tampoco sería apropiado sacar conclusiones apresuradas respecto a la relación Poder Ejecutivo/Poder Judicial en cada una de las dos administraciones. Pero algo que sí podemos mostrar es que cada posicionamiento era sostenido por ciertos actores, y que ese sostén pretendía distribuir autoridades y no tanto definir la mediación. Es un dato que servirá como indicio quizá para comprender la lógica de funcionamiento del programa hoy, porque encontraremos que se trata de un rasgo que marca profunda y completamente el proyecto de la mediación: la falta de claridad respecto a los propósitos.

Ley provincial de mediación núm. 8858

Ley de mediación
El Senado y la Cámara de Diputados de la Provincia de Córdoba, sancionan con fuerza de Ley: 8858

Título i: Objeto
Capítulo i: Mediación
Ámbito de aplicación

Artículo 1.- Institúyese en todo el ámbito de la Provincia de Córdoba y declárese de interés público provincial la utilización, promoción, difusión y desarrollo de la instancia de mediación con carácter voluntario, como método no adversarial de resolución de conflictos, cuyo objeto sea materia disponible por los particulares, que se regirá por las disposiciones de la presente Ley.

Carácter de excepción

*Artículo 2.- Excepcionalmente será de instancia obligatoria en toda contienda judicial civil o comercial en los siguientes casos:

a. En contiendas de competencia de los jueces de primera instancia civil y comercial que deban sustanciarse por el trámite del juicio Declarativo Abreviado y Ordinario cuyo monto no supere el equivalente a ciento cuarenta (140) jus;

b. En todas las causas donde se solicite el beneficio de litigar sin gastos;

c. Cuando el Juez por la naturaleza del asunto, su complejidad, los intereses en juego, estimare conveniente intentar la solución del conflicto por la vía de la mediación.

El intento de solución del conflicto por vía de la mediación, realizada en sede extrajudicial a través de un mediador o Centro de Mediación público o privado, debidamente acreditado, eximirá a las partes del proceso de mediación en sede judicial.

Exclusión

*Artículo 3.- Quedan excluidas del ámbito de la mediación las siguientes causas:

a. Procesos penales por delitos de acción pública, con excepción de las acciones civiles derivadas del delito y que se tramiten en sede penal.

Las causas penales donde se haya instado la constitución de actor civil y en las cuales el imputado no se encuentre privado de su libertad, podrán ser sometidas a mediación en el aspecto civil, una vez vencidos los términos de la oposición a la constitución del mismo, sin que ello implique la suspensión de término alguno;

b. Acciones de divorcio vincular o personal, nulidad matrimonial, filiación, patria potestad, adopción; con excepción de: las cuestiones patrimoniales provenientes de éstas, alimentos, tenencia de hijos, régimen de visitas y conexos con éstas;

c. Procesos de declaración de incapacidad y de rehabilitación;

d. Amparo, hábeas corpus e interdictos;

e. Medidas preparatorias y prueba anticipada;

f. Medidas cautelares;

g. Juicios sucesorios y voluntarios, con excepción de las cuestiones patrimoniales derivadas de éstos;

h. Concursos y quiebras;

i. En general, todas aquellas cuestiones en que esté involucrado el orden público o que resulten indisponibles para los particulares.

Capítulo I: Principios y garantías del proceso de mediación

Principios

Artículo 4.- EL procedimiento de mediación deberá asegurar:
a. Neutralidad;
b. Confidencialidad de las actuaciones;
c. Comunicación directa de las partes;
d. Satisfactoria composición de intereses;
e. Consentimiento informado.

Confidencialidad

*Artículo 5.- EL procedimiento de mediación tendrá carácter confidencial. Las partes, sus abogados, el o los mediadores, los demás profesionales o peritos, y todo aquel que intervenga en la mediación, tendrán el deber de confidencialidad, el que ratificarán en la primera audiencia de la mediación mediante la suscripción del compromiso.

No deberán dejarse constancias ni registro alguno de los dichos y opiniones de las partes ni podrán éstos ser incorporados como prueba en un proceso judicial posterior. En ningún caso las partes, el o los mediadores, los abogados, los demás profesionales y peritos y todo aquel que haya intervenido en un proceso de mediación, podrán absolver posiciones ni prestar declaración testimonial sobre lo expresado en dicha mediación.

Título II: Mediación en sede judicial

Capítulo I: Procedimiento

Apertura

Artículo 6.- LA apertura del procedimiento de mediación será dispuesta por el Tribunal a solicitud de parte si fuere voluntaria o de oficio en el supuesto del Artículo 2°.

Oportunidad

*Artículo 7.- LA instancia de mediación podrá ser requerida por las partes al interponer la demanda o contestarla, o en cualquier oportunidad procesal y en todas las instancias.

En los supuestos del Artículo 2°, Incisos a) y b), el Juez lo dispondrá de oficio, en la oportunidad procesal que corresponda y, en el Inciso c) en la oportunidad de tomar conocimiento de la existencia de los extremos que justifican la mediación.

Traslado

Artículo 8.- CUANDO el requerimiento del proceso de mediación sea voluntario, a la solicitud de parte se correrá vista a la contraria. De mediar conformidad de ésta, se someterá la causa a mediación, suspendiéndose el proceso judicial, debiendo el Tribunal comunicarlo al Centro Judicial de Mediación para la iniciación del trámite correspondiente. Cuando se encuentren involucrados intereses de incapaces deberá darse intervención al Asesor Letrado.

Pago de tasa de justicia

Artículo 9.- CUANDO el actor propusiere someter a mediación la causa que no esté incluida en el Artículo 2°, abonará el cincuenta por ciento (50%) de la tasa inicial de justicia que correspondiere. De mediar acuerdo, quedará eximido del pago del cincuenta por ciento (50%) de la tasa restante. De no mediar acuerdo, o éste sólo fuere parcial, se completará el pago de la tasa de justicia en proporción a las pretensiones subsistentes, a los fines de la continuidad del proceso.

Designación del mediador

Artículo 10.- EL Centro Judicial de Mediación, fijará en un plazo no mayor de cinco (5) días hábiles, a partir de la recepción de las actuaciones, una audiencia en la que las partes propondrán de común acuerdo el mediador a designar. Si no se lograse acuerdo, el Centro Judicial hará el nombramiento de oficio por sorteo, debiendo notificar a quien resulte electo y a las partes.

Lugar

Artículo 11.- LAS audiencias de mediación en esta sede se realizarán en los espacios físicos habilitados a tales efectos por el Centro Judicial de Mediación.

Aceptación del cargo

Artículo 12.- EL mediador designado deberá aceptar el cargo en el término o de tres (3) días hábiles de haber sido notificado, bajo apercibimiento de remoción. Quien haya sido elegido por sorteo no podrá integrar nuevamente la lista hasta tanto no hayan sido designados la totalidad de los mediadores registrados, salvo que haya debido excusarse o haya sido recusado, aplicándose idéntico criterio en relación a quien no acepta el cargo.

Audiencia

Artículo 13.- EL Centro Judicial de Mediación deberá fijar la primera audiencia dentro de los diez (10) días hábiles de haber aceptado el cargo, debiendo notificar a las partes, mediante cualquier medio de notificación fehaciente.

ASISTENCIA LETRADA

Artículo 14.- LAS partes deberán concurrir al proceso de mediación con asistencia letrada particular.

CONTENIDO DE LA NOTIFICACIÓN

Artículo 15.- TODAS las notificaciones deberán contener:

a. Nombre y domicilio del destinatario;

b. Fecha de iniciación y finalización del proceso;

c. Indicación del día, hora y lugar de la celebración de la audiencia;

d. Nombre, firma y sello del mediador;

e. El apercibimiento de la sanción prevista en el Artículo 20.

NUEVA AUDIENCIA

Artículo 16.- SI la primera audiencia no pudiera celebrarse por motivos justificados, el Centro Judicial de Mediación deberá convocar a otra, en un plazo que no podrá exceder los cinco (5) días hábiles desde la audiencia no realizada.

CONVOCATORIA

Artículo 17.- DENTRO del plazo previsto para la mediación, el mediador podrá convocar a las partes a todas las audiencias necesarias para el cumplimiento de los fines previstos en la presente Ley.

COMPARECENCIA

Artículo 18.- LAS personas físicas deberán comparecer personalmente y no podrán hacerlo por apoderados, excepto cuando resulte imposible por causa fehacientemente justificada, debiendo concurrir con asistencia letrada.

Las personas jurídicas, comparecerán por medio de sus representantes legales o autoridades estatutarias, debidamente acreditadas y con facultades suficientes para acordar, debiendo acreditar previamente la personería invocada.

En caso que alguna de las partes, física o jurídica, actuara por medio de apoderado, éste deberá acreditar facultades suficientes para acordar, caso contrario, el mediador podrá otorgar dos (2) días para completar dicha acreditación. Vencido dicho plazo, se tendrá a la parte por no comparecida.

Constancia por escrito

Artículo 19.- DE todas las audiencias deberá dejarse constancia por escrito, consignando sólo su realización, fecha, hora, lugar, personas presentes y fecha de la próxima audiencia.

Incomparecencia-sanción

*Artículo 20.- SI no puede llevarse a cabo la mediación por la incomparecencia injustificada de alguna de las partes, se impondrá a favor del Centro Judicial de Media*ción* una multa cuyo monto será el equivalente al valor de dos (2) audiencias.

Finalización

Artículo 21.- HABIENDO comparecido y previa intervención del mediador, cualquiera de las partes podrá dar por terminada la mediación, en cualquier etapa del procedimiento.

De ello se dejará constancia en acta, entregando copia de la misma a las partes intervinientes, con reserva de un ejemplar para ser entregado por el mediador al Centro Judicial de Mediación.

Acuerdo. Acta

Artículo 22.- DE mediar acuerdo, total o parcial, se labrará un acta en la que se dejará constancia de los términos del mismo y la retribución del mediador, debiendo ser firmada por todos los intervinientes en el proceso. El mediador deberá entregar al Centro Judicial de Mediación copia del acta dentro de los tres (3) días de logrado el acuerdo.

Homologación

Artículo 23.- CUALQUIERA de las partes puede solicitar la homologación del acuerdo. El Tribunal podrá negar la homologación, fundando su resolución, cuando el acuerdo afecte a la moral, las buenas costumbres y el orden público. Esta resolución será recurrible por las partes. Firme la resolución el acuerdo le será devuelto al mediador para que junto con las partes, en una nueva audiencia, subsanen las observaciones o en su caso den por terminado el proceso.

Ejecución del acuerdo

Artículo 24.- EN caso de incumplimiento del acuerdo homologado, podrá ejecutarse por el procedimiento de ejecución de sentencia.

Plazo máximo. Prórroga

Artículo 25.- EL plazo para la mediación será de hasta sesenta (60) días hábiles a partir de la primera audiencia. El plazo podrá prorrogarse por acuerdo de las partes, de lo que deberá dejarse constancia por escrito, con comunicación al Centro Judicial de Mediación y al Tribunal actuante.

Actas

Artículo 26.- VENCIDO el plazo se dará por terminado el procedimiento de mediación, debiendo el mediador labrar el acta correspondiente. En todos los casos, de las actas que se labren se entregarán copias a las partes y una tercera para su archivo en el Centro Judicial de Medición.

Honorarios de abogados

Artículo 27.- LOS honorarios de los letrados de las partes, si no estuvieren convenidos se regirán por lo establecido en el Código Arancelario Ley núm. 8226.

Otros profesionales intervinientes

*Artículo 28.- EN todas las causas y si mediare consentimiento de las partes, podrá requerirse el apoyo de expertos en la materia objeto del conflicto, cuyos honorarios serán abonados por la parte solicitante, salvo acuerdo en contrario.

Capítulo II: Excusación y recusación

Causales. Oportunidad

*Artículo 29.- EL mediador deberá excusarse y podrá ser recusado por las causas previstas para los jueces por el Código de Procedimiento Civil y Comercial, dentro del término de tres (3) días hábiles de notificada su designación. El Centro Judicial de Mediación procederá a realizar una nueva designación.

Sin expresión de causa. Reemplazo

*Artículo 30.- LAS partes podrán recusar al mediador sin expresión de causa por una sola vez y en el término establecido en el artículo anterior.

Producida la recusación al mediador, deberá notificársele dentro de los tres (3) días hábiles al Centro Judicial de Mediación para que proceda a nuevo sorteo.

Prohibición

Artículo 31.- NO podrá ser mediador quien haya tenido vinculación por asesoramiento o patrocinio con cualquiera de las partes intervinientes en la mediación, durante el lapso de un (1) año anterior al inicio de la misma.

De no mediar acuerdo, no podrá patrocinar o representar a ninguna de las partes con relación al objeto de la mediación.

INHABILIDADES

Artículo 32.- NO podrán actuar como mediadores quienes registren inhabilitaciones comerciales, civiles, penales o disciplinarias, o hubieren sido condenados con pena de reclusión o prisión por delito doloso, hasta que obtengan la rehabilitación judicial y/o de los tribunales de ética correspondientes.

MEDIADORES. REQUISITOS

Artículo 33.- PARA actuar como mediador en sede judicial se requerirá:

a. Poseer título de abogado con una antigüedad en el ejercicio profesional de tres (3) años;

b. Haber aprobado el curso introductorio, entrenamiento y pasantías, que implica la conclusión del nivel básico del Plan de Estudios de la Escuela de Mediadores del Ministerio de Justicia de la Nación, u otro equivalente de Jurisdicción Provincial y haber obtenido la registración y habilitación provincial;

c. Estar inscripto en el Centro de Mediación del Poder Judicial.

Para actuar como co-mediadores en sede judicial se requerirá reunir los requisitos señalados en el Artículo 41 Incisos a) y b) y estar inscripto como co-mediador en el Centro de Mediación del Poder Judicial.

HONORARIOS

*Artículo 34.- EL mediador percibirá por la tarea desempeñada en la mediación lo convenido con las partes. Si no existiese acuerdo sobre los honorarios, el mediador percibirá la remuneración que se establezca por vía reglamentaria, teniendo en cuenta las circunstancias y complejidad de los conflictos que se sometan a mediación, y que el monto mínimo será de un (1) jus por audiencia.

Los honorarios serán soportados en igual proporción salvo convención en contrario y deberán ser abonados en el acto de darse por concluida la instancia de mediación.

GRATUIDAD

*Artículo 35.- EN las mediaciones en causas judiciales, en las cuales una de las partes haya obtenido el beneficio de litigar sin gastos, o estuviera tramitando el mismo o acreditara en los términos que determine la reglamentación la imposibilidad de pago de los honorarios, la mediación será gratuita para el que solicitó el beneficio de litigar sin gastos.

Acreditación de audiencias

Artículo 36.- A los fines de acreditar las audiencias referidas en los artículos anteriores, el mediador deberá llevar una planilla, la que será firmada por las partes y servirá de título suficiente para reclamo judicial, en el supuesto de no ser abonadas por los obligados al pago.

Título III: Mediación en sede extrajudicial

Procedimiento

Artículo 37.- HABRÁ mediación en sede extrajudicial cuando las partes, sin instar proceso judicial previo, adhieran voluntariamente al proceso de mediación para la resolución de un conflicto, ante un mediador, centro de mediación público o privado habilitado a tal fin.

Trámite en general

Artículo 38.- EN lo que corresponda, se regirá en todas sus partes por lo dispuesto en los artículos precedentes referidos a la mediación en sede judicial.

Efecto del acuerdo

Artículo 39.- EL acuerdo al que se arribe tendrá el mismo efecto de un convenio entre partes, e igual validez independientemente del centro público, privado o mediador habilitado interviniente.

Homologación

Artículo 40.- CUALQUIERA de las partes podrá solicitar la homologación del acuerdo ante el Juez en turno con competencia en la materia, con las previsiones del Artículo 80 de la Ley núm. 8465 y el Artículo 4 de la Ley núm. 8226. El trámite de homologación estará exento de tasa de justicia, aportes y todo otro gasto.

Mediadores

*Artículo 41.- PARA actuar como mediador en sede extrajudicial se requiere:

a. Poseer cualquier título universitario con una antigüedad superior a tres (3) años en el ejercicio profesional;

b. Haber aprobado el curso introductorio, entrenamiento y pasantías que implica la conclusión del nivel básico del plan de estudios de la Escuela de Mediadores del Ministerio de Justicia de la Nación, u otro equivalente de jurisdicción provincial;

c. Estar matriculado en el Centro Público de Mediación;

d. Disponer de oficinas adecuadas para un correcto desarrollo del proceso de mediación.

Honorarios

*Artículo 42.- EN la mediación en sede extrajudicial los honorarios del mediador podrán ser libremente convenidos por las partes. En su defecto, se regirá por las disposiciones relativas a los honorarios de los mediadores en sede judicial.

Título iv: Autoridad de aplicación

Matrícula, habilitación y registro

*Artículo 43.- EL Ministerio de Justicia, a través de la Dirección de Métodos Alternativos para la Resolución de Conflictos (dimarc), será la Autoridad de Aplicación de la presente Ley, teniendo a su cargo las siguientes atribuciones:

a. Fijar las políticas del Poder Ejecutivo Provincial sobre la implementación, desarrollo y puesta en marcha de la mediación en el territorio provincial;

b. Celebrar convenios con el Estado Nacional, Estados Provinciales, Municipalidades y Comunas, Entes Públicos y Privados, cualquiera sea su naturaleza, que tenga por finalidad el cumplimiento de los objetivos que refiere el inciso anterior;

c. Inscribir en el Registro de Mediadores del Ministerio de Justicia a los Mediadores que hayan cumplido con los requisitos que reglamentariamente se establezcan;

d. Otorgar matrícula a los mediadores mencionados;

e. Determinar las condiciones de admisibilidad y pautas de valuación para la obtención por parte de los solicitantes de la matrícula habilitante;

f. Organizar el Registro de Mediadores y llevar un legajo personal de cada uno de ellos;

g. Solicitar información al Tribunal Superior de Justicia sobre la cantidad de causas que tramiten ante el Centro Judicial de Mediación y cualquier otro dato relevante a los fines estadísticos;

h. Recibir denuncias por infracción de mediadores en su actuación;

i. Aplicar a través del Tribunal de Disciplina las normas éticas para el ejercicio de la mediación y controlar su cumplimiento;

j. Aplicar a través del Tribunal de Disciplina sanciones de apercibimiento, multa, suspensión y cancelación de la matrícula de los mediadores y Centros de Mediación, según la gravedad de la falta;

k. Aplicar sanciones y multas a las partes intervinientes en el proceso de mediación;

l. Coordinar e instrumentar normas procedimentales para la ejecución de las políticas que refiere el Inciso a) de este Artículo;

m. Promover, organizar y dictar cursos de perfeccionamiento para mediadores;

n. Realizar toda otra gestión necesaria para el cumplimiento de los objetivos de la presente Ley.

Título v: Centros de mediación

Capitulo i: Centros de mediación privados

Requisitos

*Artículo 44.- SE consideran Centros de Mediación Privados a los efectos de la presente Ley, a todas las entidades unipersonales o de integración plural, dedicadas a realizar la actividad mediadora, implementar programas de asistencia y desarrollo de la mediación y formación de mediadores. Los Centros definidos en este Artículo, deberán estar dirigidos e integrados por mediadores matriculados y habilitados según las disposiciones de la presente.

Creación

*Artículo 45.- LAS entidades mencionadas en el Artículo precedente y sus respectivos espacios físicos deberán estar habilitados, supervisados y controlados por la Dirección de Métodos Alternativos para la Resolución de Conflictos (dimarc), del Ministerio de Justicia de la Provincia de Córdoba.

Capítulo ii: Centros públicos de mediación

Centro público de mediación en el Poder Ejecutivo

*Artículo 46.- CRÉASE el Centro Público de Mediación en el ámbito del Poder Ejecutivo, el que desarrollará programas de asistencia gratuita para personas de escasos recursos. Por vía reglamentaria se establecerá su organización y desarrollo de programas.

Integración

*Artículo 47.- DICHO Centro estará integrado por profesionales especializados en mediación y que se encuentren habilitados conforme las previsiones que le sean pertinentes del Artículo 41. La Autoridad de Aplicación deberá proveer de la infraestructura y mobiliario adecuado y del personal administrativo necesario para el funcionamiento del Centro Público de Mediación. A la vez reglamentará la composición y funcionamiento del cuerpo de mediadores y procederá a su designación por concurso público.

Competencia

*Artículo 48.- EL Centro Público de Mediación intervendrá en aquellas cuestiones extrajudiciales que le sean voluntariamente presentadas por los particulares.

Actuación

*Artículo 49.- EL Centro Público de Mediación recibirá la solicitud de mediación por parte del interesado, a quien se le deberá informar el sentido y alcance de la mediación.

El Centro deberá requerir la presencia de la otra parte si ambas no hubiesen concurrido a solicitar el servicio. La invitación se realizará a través de una notificación a la que se adjuntará material informativo sobre la mediación; en caso de concurrencia se le informará sobre el procedimiento que se llevará a cabo y se fijará día y hora para la primera sesión conjunta, la que deberá ser notificada a los interesados.

Informes

Artículo 50.- EL Centro Público de Mediación deberá girar semestralmente una estadística de las mediaciones realizadas a la Dirección de Métodos Alternativos para la Resolución de Conflictos (DIMARC). Dicho informe tendrá el carácter de público.

Convenios

Artículo 51.- EL Centro Público de Mediación podrá celebrar convenios con los municipios y comunas de la Provincia a los efectos de coadyuvar a la implementación del sistema en sus respectivos ámbitos.

Dirección de Métodos Alternativos para la Resolución de Conflictos

*Artículo 52.- LA Dirección de Métodos Alternativos para la Resolución de Conflictos (DIMARC), dependiente del Ministerio de Justicia de la Provincia de Córdoba, tendrá a su cargo la administración de los Métodos Alternativos para la Resolución de Conflictos conforme la reglamentación que se dicte al respecto.

Centro judicial de mediación

Artículo 53.- CRÉASE el Centro Judicial de Mediación en el ámbito de la Provincia de Córdoba, el que dependerá del Poder Judicial de la Provincia.

Funciones

Artículo 54.- SERÁN funciones del Centro Judicial de Mediación:

a. Organizar la lista de los mediadores que actuarán en este ámbito;

b. Supervisar el funcionamiento de la instancia de mediación;

c. Cumplimentar las obligaciones impuestas por esta Ley;

d. Recibir las denuncias por infracciones éticas de mediadores en su actuación judicial, las que serán giradas al Tribunal de Disciplina que funcionará en el Ministerio de Justicia;

e. Registrar y relevar los datos pertinentes con el objeto de elaborar estadísticas útiles y confiables para el control de gestión;

f. Organizar cursos de capacitación específica en materia de mediación;

g. Instrumentar las acciones necesarias para publicar y hacer conocer las ventajas de la mediación como método alternativo de solución de conflictos.

Título VI: Disposiciones generales

Tribunal de disciplina

*Artículo 55.- CRÉASE el Tribunal de Disciplina de Mediación, en el ámbito del Ministerio de Justicia, el que se encargará del conocimiento y juzgamiento de las infracciones a los regímenes ético y disciplinario, de los mediadores aplicando las sanciones que correspondan conforme a la naturaleza, gravedad del hecho y antecedentes del infractor.

El Tribunal de Disciplina estará integrado por un representante de la Dirección de Métodos Alternativos de Resolución de Conflictos y un representante de cada Colegio Profesional según lo establezca la reglamentación.

El desempeño de todos los cargos es ad-honorem.

Jueces de paz

Artículo 56.- LOS jueces de paz legos actuarán como mediadores en sus respectivas jurisdicciones, en la medida en que las partes lo soliciten, en las causas comprendidas en el Artículo 2° Inciso a) de la presente Ley, pudiendo las mismas concurrir con patrocinio letrado.

A tales fines los jueces de paz deberán estar habilitados de conformidad a lo establecido en el Artículo 33 Inciso b) de la presente Ley.

En los casos en los que actúe como mediador un Juez de Paz, el acuerdo al que se arribe podrá ser ejecutado en sede Judicial sin necesidad de homologación.

Fondo de financiamiento. Integración

*Artículo 57.- EL Fondo de Financiamiento se integrará con:

a. Las partidas presupuestarias que se incorporen en el Presupuesto del Poder Judicial y del Ministerio de Justicia;

b. Los fondos provenientes de las multas que se apliquen a los mediadores en razón de: 1) Incumplimiento de las obligaciones establecidas por esta Ley; 2) La falta de aceptación debidamente justificada del cargo;

c. Los montos provenientes de la aplicación de las multas previstas en el Artículo 20 de la presente Ley;

d. Donaciones y otros aportes de terceros;

e. Fondos provenientes de cursos o seminarios que se organicen por los Centros Públicos de Mediación con fines de perfeccionamiento.

Los fondos señalados ingresarán a la Cuenta Especial creada por la Ley núm. 8002, cuando fueran originados en el Centro Judicial de Mediación.

Organización. Reglamentación

Artículo 58.- EL Tribunal Superior de Justicia, dispondrá las medidas relativas a la organización del Centro Judicial de Mediación, donde se incluyan los recursos humanos y edilicios.

Funcionamiento

Artículo 59.- LOS Centros Públicos de Mediación previstos en esta Ley se pondrán en funcionamiento en el interior de la Provincia y en las distintas circunscripciones judiciales, progresivamente, conforme a las disponibilidades presupuestarias y de existencia de un número suficiente de mediadores inscriptos y habilitados.

Reglamentación

Artículo 60.- LA presente Ley deberá ser reglamentada en un plazo no mayor a sesenta (60) días por el Poder Ejecutivo. En igual término el Poder Judicial dispondrá las medidas pertinentes referidas al funcionamiento del Centro Judicial de Mediación.

Título vii: Disposiciones transitorias

Régimen disciplinario

Artículo 61.- HASTA tanto se dicte la Ley de Ética para el ejercicio de la Mediación, le serán aplicables en lo que fuera pertinente, las disposiciones éticas reguladoras de cada profesión.

Mediadores en sede judicial

Artículo 62.- LOS mediadores que actúan en sede extrajudicial y los co-mediadores en sede judicial, luego de tres (3) años de vigencia de la presente Ley, podrán actuar también como mediadores en sede judicial, cumpliendo con los requisitos pertinentes.

Centros judiciales del interior

Artículo 63.- HASTA tanto se pongan en funcionamiento los Centros Judiciales de Mediación, en las sedes judiciales del interior de la Provincia no será de aplicación el Artículo 2° de la presente Ley.

Artículo 64.- Comuníquese al Poder Ejecutivo.

Nicolás – Agrelo – Villa – Deppeler

titular del Poder Ejecutivo: De la Sota

Decreto de Promulgación núm. 1002/00

Córdoba, 2 de octubre de 2000.

Bibliografía

ABEL, Richard. "Introduction". En *The Politics of Informal Justice*, 1-16. Nueva York: New York Academic Press, 1982.

ABRAMS, Philip. "Notes on the Difficulty of Studying the State". En *The Anthropology of the State. A Reader*, coordinado por Aradhana Sharma y Akhil Gupta, 112-130. Padstow Cornwall: Blackwell, 2006.

ADLER, Peter. "The Future of Alternative Dispute Resolution: Reflections on ADR as Social Movement". En *The Possibility of Popular Justice. A Case Study of Community Mediation in the United States*, coordinado por Sally Engle Merry y Neal Milner, 67-88. Michigan: University of Michigan Press, 1993.

AGUILAR VILLANUEVA, Luis. "Estudio introductorio". En *Problemas públicos y agenda de gobierno. Antologías de política pública*, tomo 3, 15-78. México: Miguel Ángel Porrúa, 2003.

AUEBARCH, Jerol. *Justice Without Law? Resolving Disputes Without Lawyers*. Nueva York: Oxford University Press, 1983.

Azuela, Antonio. *Visionarios y pragmáticos. Una aproximación sociológica al derecho ambiental*. México: UNAM-IIS-Fontamara, 2006.

BARBOSA, Daniel, y Gabriela Magris. *Mediación. Conceptos, pautas para una Ley provincial. Análisis de la Ley Nacional. Proyectos legislativos*. Córdoba, Argentina: Marcos Lerner, 1996.

BARBOSA, Daniel, y Gabriela Magris. *Régimen legal de la mediación en la Provincia de Córdoba*. Córdoba, Argentina: Alveroni Editores, 1998.

BARBOSA, Daniel, y Gabriela Magris. *Mediación comunitaria*. Córdoba, Argentina: Impreso en talleres propios, 1999.

BARMAT, Norberto, y Silvia Rivero. *Ley provincial de mediación. Comen-*

tada. Anotada. Concordada. Córdoba, Argentina: Marcos Lerner, 2001.

Barry, Andrew. *Foucault and Political Reason: Liberalism, Neo-Liberalism, and Rationalities of Government.* Londres: The University of Chicago Press, 1996.

Baruch Bush, Robert, y Joseph Folger. *La promesa de la mediación: cómo afrontar el conflicto mediante la revalorización y el reconocimiento.* Barcelona: Granica, 1996.

Bergoglio, María Inés. "¿Mediación voluntaria u obligatoria? La visión de las partes y de los operadores legales". En el Congreso Internacional de Culturas y Sistemas Jurídicos Comparados. Universidad Nacional Autónoma de México, febrero de 2004.

Bergoglio, María Inés. "Reforma judicial y acceso a la justicia. Una mirada sobre los medios alternativos de resolución de conflictos". Ponencia presentada en el ii Congreso socio-jurídico de Oñate. Las formas del derecho en Latinoamérica: democracia, desarrollo, liberación. Instituto Internacional de Sociología Jurídica de la Universidad de Oñate, julio de 2007.

Bohoslavsky, Ernesto. "La incurable desidia y la ciega imprevisión argentinas. Notas sobre el Estado, 1880-1930". En *Estado y política en la Argentina actual,* compilado por Carlos Vilas, Osvaldo Iazzetta, Karina Forcinito, Ernesto Bohoslavsky, 107-127. Buenos Aires: Universidad Nacional de General Sarmiento, Prometo, 2005.

Boqué Torremorel, María Carme. *Cultura de mediación y cambio social.* Barcelona: Gedisa, 2003.

Boron, Atilio. "Pobreza y ajuste neoliberal en la Argentina". *Doxa. Cuaderno de Ciencias Sociales* 13-14 (octubre, 1995): 13-14.

Burchell, Graham, Colin Gordon y Peter Millar, comps. *The Foucault Effect. Studies in Governmentality.* Chicago: The University of Chicago Press, 1991.

Chakrabarty, Dipesh. *Habitations of Modernity.* Chicago: The University of Chicago Press, 2002.

Diario de Sesiones Cámara de Senadores de la Provincia de Córdoba. Legislatura Provincial, Córdoba, 1996.

Diario de Sesiones Cámara de Senadores de la Provincia de Córdoba. Legislatura Provincial, Córdoba, 1997.

Diario de Sesiones de la Cámara de Diputados de la Provincia de Córdoba. Legislatura Provincial, Córdoba, 1999.

Diario de Sesiones Cámara de Senadores de la Provincia de Córdoba. Legislatura Provincial, Córdoba, 2000.

DONZELOT, Jacques. "The Mobilization of Society". En *The Foucault Effect: Studies in Governmentality*, compilado por Graham Burchell, Collin Gordon, Peter Miller, 169-180. Chicago: Chicago University Press, 1991.

DU BOW, Fredric, y Craig Mc Ewen. "Community Boards: an Analytic Profile". En *The Possibility of Popular Justice. A Case Study of Community Mediation in the United States*, compilado por Sally Engle Merry y Neal Milner, 125-168. Michigan: University of Michigan Press, 1993.

DUBE, Saurabh. *Sujetos subalternos. Capítulos de una historia antropológica*. México: El Colegio de México, 2001.

DWORKIN, Ronald. (1989). "Liberal Community". *California Law Review* 77, University of California, Berkeley (1989): 479-504.

ESCALANTE, Fernando. "Baile de máscaras. Conjeturas sobre el Estado". *Nueva Sociedad* 210 (julio-agosto, 2007): 64-77.

FERGUSON, James. "De-moralizing Economies: African Socialism, Scientific Capitalism and the Moral Politics of 'Structural Adjustment'". En *Moralizing States and the Ethnography of the Present*, coordinado por Sally Falk Moore, 78-92. Arlington: American Athropological Association, 1993.

FORTUNA, María Débora. "Experiencia de mediación Córdoba". Material de difusión interno, inédito. PROMARC, 2006.

FOUCAULT, Michel. *Seguridad, territorio y población. Curso en el Collège de France 1977-1978*. Buenos Aires: Fondo de Cultura Económica, 2004.

GARCÍA CIMA, Elena. *Un diseño de mediación. Modelo del Colegio de Escribanos de Córdoba*. Córdoba, Argentina: Alveroni Ediciones, 2001.

GARCÍA VILLEGAS, Mauricio. "Simbolic Power without Simbolic Violence". *Florida Law Review* 1, vol. 55 (enero, 2003): 157-189.

GARLAND, David. *Castigo y sociedad moderna. Un estudio de teoría social*. México: Siglo XXI Editores, 1999.

GEERTZ, Clifford. "What is a State if not a Sovereign? Reflections on Politics on Complicated Places". *Current Anthropology* 5, vol. 45 (2004): 577-585.

GOLDSTEIN, Daniel. "Comments". *Current Anthropology* 5, vol. 45 (2004): 587-588.

GOTTHEIL, Julio. "La mediación y la salud del tejido social". En *Mediación: una transformación de la cultura*, compilado por Julio Gottheil y Adriana Schiffrin, 215-224. Buenos Aires: Paidós Mediación 3, 1996.

GORDON, Colin. "Gorvernmentality: an Introduction". En *The Foucault Effect,* coordinado por Graham Burchell, Collin Gordon, Peter Miller, 1-52. Chicago: Chicago University Press, 1991.

GRÜNER, Eduardo. "Prólogo. Breve presentación de un manual de estrategia para uso (no solamente) de argentinos medios con sentido común". En *La era de la desolación. Ética y moral en la Argentina de fin de siglo,* coordinado por Dardo Scavino, 1-52. Buenos Aires: Cuadernos Argentinos-Manantial, 1999.

HOFRITCHER, Richard. *Neighborhood Justice in Capitalist Society: the Expansion of the Informal State.* Nueva York: Greenwood Press, 1987.

KENNEDY, Duncan. *Libertad y restricción en la decisión judicial.* Bogotá: Universidad de los Andes–Ediciones Uniandes, 2002.

LEDERACH, J. P., y R. Kraybill. "The Paradox of Popular Justice: a Practitioner´s View". En *The Possibility of Popular Justice. A Case Study of Community Mediation in the United States,* coordinado por Sally Engle Merry y Neal Milner, 357-378. Michigan: University of Michigan Press, 1993.

LEY PROVINCIAL DE MEDIACIÓN NÚMERO 8858, Córdoba, Argentina, 2000.

LOWRY, Kem. "Evaluation of Community Justice Program". En *The Possibility of Popular Justice. A Case Study of Community Mediation in the United States,* coordinado por Sally Engle Merry y Neal Milner, 89-122. Michigan: University of Michigan Press, 1993.

MALEM, Jorge. *Estudios de ética jurídical.* México: Fontamara, 2000.

MERRY, Sally Engle. "Sorting out Popular Justice". En *The Possibility of Popular Justice. A Case Study of Community Mediation in the United States,* coordinado por Sally Engle Merry y Neal Milner, 31-66. Michigan: University of Michigan Press, 1993.

MERRY, Sally Engle, y Neal Milner. "Introduction". En *The Possibility of Popular Justice. A Case Study of Community Mediation in the United States,* coordinado por Sally Engle Merry y Neal Milner, 3-30. Michigan: University of Michigan Press, 1993.

MIGDAL, Joel. *State in Society. Studying how States and Societies Transform and Constitute one another.* Nueva York: Cambridge University Press, 2001.

MITCHELL, Timothy. "Society, Economy, and the State Effect". En *The*

Anthropology of the State. A Reader, coordinado por Aradhana Sharma y Akhil Gupta, 169-186. Padstow Cornwall: Blackwell, 2006.

Moore, Barrington. *Pureza moral y persecución en la historia*. Barcelona: Paidós, 2001.

Moore, Sally Falk. "Introduction". En *Moralizing States and the Ethnography of the Present*, coordinado por Sally Falk Moore. Arlington: American Athropological Association, 1993.

Moore, Sally Falk."General Introduction". En *Law and Anthropology. A Reader*. Cornwall: Blackwell, 2005.

Nader, Laura. "When is Popular Justice Popular?" En *The Possibility of Popular Justice. A Case Study of Community Mediation in the United States*, coordinado por Sally Engle Merry y Neal Milner, 435-452. Michigan, University of Michigan Press, 1993.

Nader, Laura. *The Life of Law. Anthropological Projects*. Berkeley y Los Ángeles: University of California Press, 2002.

O'Donnell, Guillermo. "Acerca del Estado en América Latina contemporánea. Diez tesis para discusión". En *La democracia en América Latina. Hacia una democracia de ciudadanas y ciudadanos*, 148-213. Buenos Aires: pnud, 2004.

O'Malley, Meter. "The Prudential Man Cometh: Life Insurance, Liberalism and the Government of Thrift". Annual Meeting of the Law and Society Association, Toronto, Canadá, 1995.

Oyhanarte, Marta."Los nuevos paradigmas y la mediación". En *Mediación: una transformación de la cultura*, compilado por Julio Gottheil y Adriana Schiffrin, 17-35. Buenos Aires: Paidós Mediación 3, 1996.

Pérez Lledó, Juan Antonio."Critical Legal Studies y el Comunitarismo". *Doxa: Cuadernos de Filosofía del Derecho*, Centro de Estudios Políticos y Constitucionales (1995): 137-164.

Rheinstein, Max. *Max Weber on Law in Economy and Society*. Nueva York: Simon & Schuster, 1967.

Rose, Nikolas. "The Death of the Social? Re-figuring the Territory of Government". *Economy and Society* 3, vol. 25 (agosto, 1996): 327-356.

Rose, Nikolas."Governing Advanced Liberal Democracies". En *The Anthropology of the State. A Reader*, coordinado por Aradhana Sharma y Akhil Gupta, 144-162. Padstow Cornwall: Blackwell, 2006.

Rothschild, Judy. "Dispute Transformation, the Influence of a Communication Paradigm of Disputing, and the San Francisco Community Broads Programs". En *The Possibility of Popular Justice. A Case Study of Community Mediation in the United States*, coordinado por Sally Engle Merry y Neal Milner, 265-328. Michigan: University of Michigan Press, 1993.

SARMIENTO, Domingo F. *Facundo*. Colección: Letras y Pensamiento en el Bicentenario, Estudio preliminar José Pablo Feinmann. Villa María, Argentina: EDUVIM, 2009.

SCOTT, James. *Seeing Like a State. How Certain Schemes to Improve the Human Condition Have Failed*. Nueva York: Yale University Press, 1998.

SCHIFFRIN, Adriana. "La mediación: Aspectos generales". En *Mediación: una transformación de la cultura*, compilado por Julio Gottheil y Adriana Schiffrin, 37-51. Buenos Aires: Paidós Mediación 3, 1996.

SCHWERIN, Edward. *Mediation, Citizen Empowerment, and Transformational Politics*. Westport: Praeger Publishers, 1995.

SHARMA, Aradhana, y Akhil Gupta. "Introduction: Rethinking Theories of the State in an Age of Globalization". En *The Anthropology of the State. A Reader*, coordinado por Aradhana Sharma y Akhil Gupta, 1-42. Padstow Cornwall: Blackwell, 2006.

SIX, Jean François. *Dinámica de la mediación*. Barcelona: Paidós, 1995.

SOUSA, Santos. "Una cartografía simbólica de las representaciones sociales. Prolegómenos a una concepción postmoderna del derecho". *Revista Nueva Sociedad* 116 (noviembre-diciembre, 1991): 19-38.

SUARES, Marinés. *Mediación. Conducción de disputas, comunicación y técnicas*. Barcelona: Paidós, Mediación 4, 1996.

VARGAS, Lilian, y Claudia Gatti. "La mediación en el mundo: antecedentes y estado del arte". En Documento elaborado para la Fundación Instituto de mediación, disponible en <*www.institutomediacion.org*>, consultado en octubre de 2006.

WALDMANN, Meter. *El Estado anómico. Derecho, seguridad pública y vida cotidiana en América Latina*. Madrid: Iberoamericana, 2006.

WEBER, Max. *Economía y sociedad*. México: Fondo de Cultura Económica, 1984.

YNGVENSON, Barbara. "Local People, Local Problems, and Neighbourhood Justice: the Discourse of Community in San Francisco Community Boards". En *The Possibility of Popular Justice. A Case Study of Community Mediation in the United States*, coordinado por Sally Engle Merry y Neal Milner, 379-400. Michigan: University of Michigan Press, 1993.

Esta obra se terminó de imprimir en octubre de 2011
en Ultradigital Press, S.A. de C.V.
Cacama No. 84, Col. Santa Isabel Industrial
C.P. 09820 México, D.F.